快递员职业技能等级认定培训教材（高级）

国家邮政局职业技能鉴定指导中心　**组织编写**

人民交通出版社股份有限公司

北　京

内 容 提 要

本书为快递员职业技能等级认定系列培训教材之一,依据《快递员国家职业技能标准》配套开发《快递员职业技能等级认定培训教材(高级)》。本书分为三章,即快件收寄、快件派送和客户服务。通过对本书的学习,从业人员可以掌握快件收寄、派送及收派过程异常情况处理和客户开发维护等有关知识及技能。

本书可以作为快递员职业技能等级认定培训用书,也可作为技能提升培训以及相关院校学生实践操作的指导用书。

图书在版编目(CIP)数据

快递员职业技能等级认定培训教材 : 高级／国家邮政局职业技能鉴定指导中心组织编写. — 北京 : 人民交通出版社股份有限公司, 2023.7

ISBN 978-7-114-18873-2

Ⅰ.①快… Ⅱ.①国… Ⅲ.①邮件投递—运营管理—职业技能—鉴定—教材 Ⅳ.①F618.1

中国国家版本馆 CIP 数据核字(2023)第 115819 号

书　　　名	:快递员职业技能等级认定培训教材(高级)
著 作 者	:国家邮政局职业技能鉴定指导中心
责任编辑	:朱伟康　刘　彤
责任校对	:赵媛媛
责任印制	:张凯
出版发行	:人民交通出版社股份有限公司
地　　　址	:(100011)北京市朝阳区安定门外外馆斜街 3 号
网　　　址	:http://www.ccpcl.com.cn
销售电话	:(010)85285857
总 经 销	:人民交通出版社股份有限公司发行部
经　　　销	:各地新华书店
印　　　刷	:北京中石油彩色印刷有限责任公司
开　　　本	:787×1092　1/16
印　　　张	:10.75
字　　　数	:190 千
版　　　次	:2023 年 7 月　第 1 版
印　　　次	:2025 年 9 月　第 2 次印刷
书　　　号	:ISBN 978-7-114-18873-2
定　　　价	:58.00 元

(有印刷、装订质量问题的图书,由本公司负责调换)

快递员职业技能等级认定培训教材
编审委员会

主　　编：李　栋

副 主 编：杜华云

编写人员：孙正萍　王鲁金　雷　科

编审委员：焦　铮　张　敏　王　孟　林　睿　蒋教芳

张　慧　高永富　曾　毅　沈晓燕　高俊霞

申志军　周晓丰　李淑叶

邮政快递业是推动流通方式转型、促进消费升级的现代化先导性产业，邮政体系是国家战略性基础设施和社会组织系统，在国民经济中发挥着重要的基础性作用。党中央、国务院高度重视邮政快递业发展，党的十八大以来，习近平总书记多次就邮政快递业改革发展作出重要指示，称赞快递小哥是美好生活的创造者、守护者，强调要加强快递队伍建设。

为贯彻落实党中央、国务院部署要求，深入推进邮政快递业技能人才评价制度改革，加强快递从业人员队伍建设，2019 年 12 月，人力资源和社会保障部、国家邮政局联合颁布了《快递员国家职业技能标准》《快件处理员国家职业技能标准》，为指导快递员、快件处理员职业培训，开展职业技能等级认定，提升人员能力素质奠定了基础，提供了支撑，促进了劳动者高质量就业、行业高质量发展。

快递员和快件处理员是快递服务的主要提供者，是快递服务体系的重要支撑保障。《中华人民共和国职业分类大典（2022 年版）》中涵盖了快递员、快件处理员、国际快递业务师、快递站点管理师、邮件快件安检员、快递设备运维师、快递工程技术人员等快递领域职业（工种），反映了行业快速发展的新情况和从业人员的新特点。"快递员职业技能等级认定系列培训教材"是行业首套面向快递员的培训教材，整合行业企业、协会、院校等多方力量进行编写审校。教材内容依据《快递员国家职业技能标准》（以下简称《标准》），按照初级、中级、高级、技师、高级技师 5 个等级整体设计，着力体现当前快递员职业状况的总体水平，重点提升快递员的服务质量和水平，突出职业技能培训特色，旨在指导快递员学习培训，开展职业技能等级认

快递员职业技能等级认定培训教材（高级）

定，为提升人员职业技能和职业素质，规范快递生产作业，促进行业安全、绿色发展提供基本遵循和参考。教材中的章对应于《标准》的"职业功能"，节对应于《标准》的"工作内容"，节中阐述的内容对应于《标准》的"技能要求"和"相关知识"。

教材在编写过程中，得到了各方面的大力支持和帮助：山东工程技师学院的专家、学者承担了有关教材内容的具体编写任务；相关省（区、市）邮政管理局、快递协会和天津交通职业学院对教材的编写给予了大力支持；顺丰速运有限公司、圆通速递有限公司、申通快递有限公司、中外运-敦豪国际航空快件有限公司、上海寻梦信息技术有限公司等多家企业为教材的编写提供了许多帮助，在此一并表示衷心感谢！由于时间及编者水平所限，书中难免存在不当之处，请广大读者批评指正并提出宝贵意见。

国家邮政局职业技能鉴定指导中心

2023 年 7 月

目录

快递员职业技能等级认定培训教材（高级）

第一章
快件收寄

一、收寄路线设计

收寄路线是指业务员在收取快件时所经过的地点和路段,按照先后顺序连接起来的路线。

(一)收寄路线设计的意义

快递员在日常收取快件的过程中,客户寄递需求的多样性和不确定性会导致快递员的收件路线频繁变化。如果盲目无序地对快件进行收取,不但会降低工作效率,有时也会因为收件效率过低而导致客户抱怨甚至投诉。所以合理安排并设计收寄路线,不但可以有效提高工作效率,而且还能提升客户满意度,降低运营成本,减少客户投诉;同时还可以减少空白里程、车辆损耗和快递员的劳动强度等。因此,在收寄快件前进行收寄路线的合理设计具有重要的意义。

(二)收寄路线设计的原则

收寄路线的设计一般遵循以下几个原则:

(1)保证时限原则。

(2)保证承诺原则。

(3)先轻后重,先小后大的原则。

(4)减少空白里程的原则。

快递员在收取快件的过程中,如果遇到的情况比较复杂,涵盖了以上所有情况,则应按照保证时限、保证承诺的原则合理安排,尽量做到既保证快件时效,又使客户满意。

(三)收寄路线设计的基本要求

快递员每天收取的快件主要包括:信息系统中的快件和实时新增的快件。对于从信息系统中派发的快件,在收取前一定要设计合理的收寄路线,而对于实时任务则要具体情况具体分析,既保证已约定快件的收取效率,也要及时完成新增的快件收取。设计收寄路线的基本要求包括以下几个方面:

1. 优先收取客户订单中备注紧急信息的快件

客户订单中备注紧急信息的快件应优先收取。例如:有时客户会因业务需要,急需把快件发往对方客户手中,需要快递企业及时安排业务员将快件取走。在条件允许的情况下,快递企业应首先收取此类客户的快件。

2. 合理避开上下班高峰时间,选择适当的行车路线

上下班高峰期,不仅道路上的车辆多,而且如果发件客户位于写字楼高楼层,电梯资源也会非常紧张。所以为了有效提高收寄效率,业务员在取得客户同意的前提下,应尽量避开上下班高峰期收取快件。

3. 提高收寄效率,增加客户满意度

合理设计路线,能够增加揽收快件的效率,尤其对于优先收寄或者客户有特殊要求的快件,能增加客户的满意度。

(四)收寄路线设计的基本方法

收寄路线设计主要是依据现有发件客户的地址信息,以及道路信息情况,对收寄路线进行规划,以便及时、快捷、安全、高效、准确地收取快件。合理设计收寄路线对于收寄工作的高效完成具有重要的作用。收寄路线设计的方法主要有以下几种:

1. 最快时效法

快递员在收到相关订单信息后,按照客户所在地址,统筹安排收取快件的路线,在最短时间内收取所有客户的快件。

2. 最短路径法

在设计路线时,以最短路径为设计原则,根据客户的所在地址,按照由近及远或由远及近的原则设计收寄路线。

3. 经验判断法

综合考虑道路交通、客户订单临时增加以及客户寄递物品过程中的耗时等因素,根据

已有经验设计收寄路线。

4.详细分析法

详细了解每位客户的订单信息以及发送物品的数量、内容、包装情况等,并询问客户期望上门的时间,统筹安排并设计收寄路线。

二、国际快递收寄流程

国际快递收寄操作步骤、操作要求及业务技巧如表1-1所示。

国际快递收寄流程说明　　　　　　　　　　　　　　　表1-1

操作步骤	标准操作	操作要求及业务技巧
确认订单	查看客户及订单信息	1.检查客户有效身份证件,进行实名认证; 2.检查订单完整性; 3.检查是否为本人服务区域
上门揽收	上门收件	1.以最快完成收件的原则安排路线并按订单最小服务地址上门收件; 2.告知用户相关产品时效
	检查寄递物品 (含单据,例如 商业发票等 报关资料)	1.100%验视寄递物品,确保没有违法违禁品和国际流向特殊禁寄物品; 2.确保寄递物品重量、尺寸符合收寄要求; 3.确认寄递物品品名、数量; 4.确认寄递物品报关单证(形式发票、报关委托书等)符合要求
	寄递物品包装	对物品进行包装,确保快件包装符合运输要求;对于客户提供包装的物品,若包装明显不能保护物品,须对物品进行加固包装
	填写运单	1.引导客户完整规范地填写电子运单(寄/收件人信息、寄递物内容),并检查客户提供信息的准确性(如邮编位数、电话位数、寄递物品内容等); 2.按规范补充填写除客户填写以外的信息,包含寄递物品重量/体积、业务类型、费用、付款方式、快递员信息等
	称重计费	严格遵照重量取数及误差标准规定,以下情形需主动告知客户: 1.如按轻泡计费:体积重量(kg)=长度(cm)×宽度(cm)×高度(cm)÷6000; 2.如快件太重现场无法称重,需带回营业场所操作,确定费用且征得客户同意后再发出
	费用收取	1.如为寄付现结,向客户收取相应费用; 2.如寄付转第三方支付,需判断月结账号的有效性; 3.如到付,根据业务情形判断是否允许到付
	完成货单交接	将"寄件客户存根"联运单交给客户
	收件扫描	收件完毕后5min内完成收件扫描
交件交单 交款	返回网点交货交单	将"本公司收件存根"联运单、收取的快件、所收款项等带回网点交给指定人员

三、进出境快件报关

根据《中华人民共和国海关对进出境快件监管办法》(海关总署令第 147 号),进出境快件是指进出境快件运营人以向客户承诺的快速商业运作方式承揽、承运的进出境货物、物品。进出境快件运营人是指在中华人民共和国境内依法注册、在海关备案登记的从事进出境快件运营业务的国际货物运输代理企业。

(一)进出境快件的分类

《中华人民共和国海关对进出境快件监管办法》将进出境快件分为三类:文件类、个人物品类和货物类。

文件类进出境快件是指法律、法规规定予以免税且无商业价值的文件、单证、票据及资料。

个人物品类进出境快件是指海关法规规定自用、合理数量范围内的进出境旅客分离运输的行李物品、亲友间相互馈赠的物品和其他个人物品。

货物类进出境快件是指除文件类进出境快件和个人物品类进出境快件以外的快件。

(二)进出境快件报关的特点

1. 手续简化

根据《中华人民共和国海关对进出境快件监管办法》等法规规定,为适应快件作为"快速商业运作方式承揽、承运的进出境货物、物品"的报关,在监管条件以及通关(报关清关)手续上,做了一系列旨在简化手续、加快速度的特殊安排。所以,一般情况下,不需要货主专门提供报关单、通关单证、许可证/批文(如 3C 国家强制认证、环保证书、进口配额等)。

2. 费用低

快件进出境享有一定的税费减免。

3. 速度快

一方面,由于监管条件少、手续简单等原因,简化了手续,自然也就节省了时间;另一方面,通关过程中清关以及查验速度都体现出快件的"快"。此外,快件海关监管中心在晚上与周六都能办理报关业务。

(三)进出境快件报关适用的报关产品

(1)小件散货、少量货样和广告品等。

(2)缺乏某些单证(如没有 3C 认证)的各种产品。

(3)来不及办理贸易报关通关手续的紧急货。

(4)想节省成本而又不需要增值税票的各种产品。

(5)个人自用物品。

(四)进出境快件的清关

清关即结关,是指进出口或转运货物出入一国关境时,依照相关法律法规和规定办理海关申报、查验、征税、放行等手续的全过程。

另外,在快件进出境过程中,有时还需要办理"报检"手续。报检是指按照法律、法规、合同的规定,根据需要向检验检疫机构申请办理检验、检疫、鉴定工作的手续。一般而言,报检手续的办理先于报关手续。

1. 进出境快件的申报方式及要求

进出境快件采用纸质文件方式和电子数据交换方式向海关办理进出境快件的报关手续。申报的时间规定一般为进境快件应当自运输工具申报进境之日起 14 日内向海关申报,出境快件在运输工具离境 3 小时之前向海关申报。进出境快件申报方式如表 1-2 所示。

进出境快件申报方式   表 1-2

进境快件		
类型		申报方式
文件类		KJ1 报关单
个人物品类		进出境快件个人物品申报单
货物类	货物 I 类(免税及税额≤50 元)	KJ2 报关单
	货物 II 类(应税)	KJ3 报关单(需进口付汇、加工贸易的除外)
	正式报关(D 类)	按进口货物通关规定办理
出境快件		
类型		申报方式
文件类		KJ1 报关单
个人物品类		进出境快件个人物品申报单
货物类	货物 I 类(实行许可证管理的,需征税、出口收汇、退税的除外)	KJ2 报关单
	正式报关(D 类)	按出口货物通关规定办理

报关方式主要分为以下几种:

(1)文件类进出境快件报关时,快递企业或其代理人应当向海关提交中华人民共和国海关进出境快件 KJ1 报关单、总快件快递运单(副本)和海关需要的其他单证。

(2)个人物品类进出境快件报关时,快递企业或其代理人应当向海关提交中华人民共和国海关进出境快件个人物品申报单、每一进出境快件的分快递快件运单、进境快件收件人或出境快件发件人身份证件复印件和海关需要的其他单证。

(3)货物类进境快件报关时,快递企业或其代理人应当按下列情形分别向海关提交报关单证:

①对关税税额在《中华人民共和国进出口关税条例》规定的关税起征数额以下(人民币 50 元)的货物和海关规定准予免税的货样、广告品,应提交中华人民共和国海关进出境快件 KJ2 报关单,每一进境快件的分快递快件运单、发票和海关需要的其他单证。

②对应予征税的货样、广告品(法律、法规规定实行许可证件管理的,需进口付汇的除外),应提交中华人民共和国海关进出境快件 KJ3 报关单以及每一进境快件的分快递快件运单、发票和海关需要的其他单证。

(4)货物类出境快件报关时,快递企业或其代理人应按下列情形分别向海关提交报关单证:

对货样、广告品(法律、法规规定实行许可证件管理的,应征出口关税的,需出口收汇的,需出口退税的除外),应提交中华人民共和国海关进出境快件 KJ2 报关单,每一出境快件的分快递快件运单、发票和海关需要的其他单证。

(5)对上述以外的其他货物,按照《中华人民共和国海关进出口货物申报管理规定》对进出口货物通关的规定办理。

2. 出境快件申报流程(图 1-1)

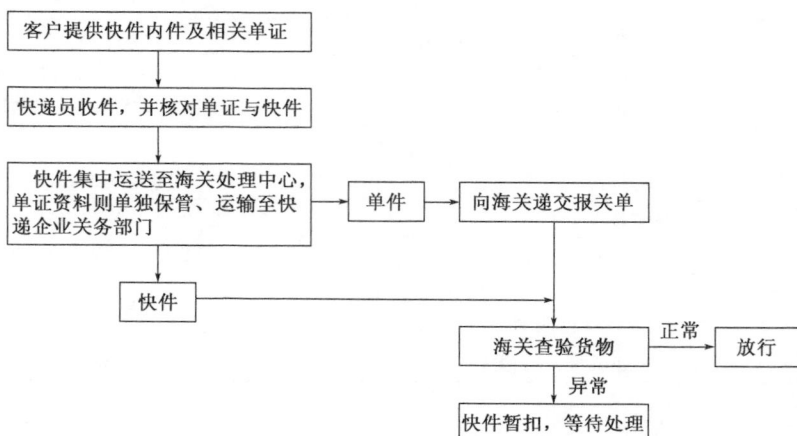

图 1-1　出境快件申报流程

第二节 收寄指导

一、快件保险常识

随着保险业务的发展以及消费者保险意识的增强,保险已经进入了各个行业。为防止寄递途中出现异常,更多的客户在尝试为自己寄递的物品购买保险。

(一) 保险基本知识

1. 保险的概念

保险是指投保人根据合同约定,向保险人支付保险费,保险人对于合同约定的可能发生的事故因其发生所造成的财产损失承担赔偿保险金的责任,或者当被保险人死亡、伤残、疾病或者达到合同约定的年龄、期限时承担给付保险金责任的商业保险行为。

2. 保险的功能

(1)经济补偿功能;

(2)资金融通功能;

(3)社会管理功能。

3. 保险的作用

(1)降低企业与客户的损失;

(2)保证企业在出现索赔后正常运转。

4. 财产保险的补偿

保险是在特定灾害事故发生时,在保险有效期和保险合同约定的责任范围以及保险金额内,按被保险人实际损失金额给予其补偿。通过补偿使得已经存在的社会财富因灾害事故所致的实际损失在价值上得到补偿,在使用价值上得以恢复,从而使社会再生产过程得以连续进行。这种补偿既包括对被保险人因自然灾害或意外事故造成的经济损失的补偿,也包括对被保险人依法应对第三者承担的经济赔偿责任的经济补偿,还包括对商业信用中违约行为造成的经济损失的补偿。

（二）快件保险

1.快件保险的概念

快件保险是针对快件在运输途中因外在因素导致的物理损失或丢失，由保险公司承担赔偿责任的保险。

2.快件保险的费率

（1）保险费率的概念。

保险费率是应缴纳保险费与保险金额的比率。

计算公式：费率＝（保险费÷保险金额）×100％。

例如：某客户在寄递一票价值较高的快件时，按快件实际价值向保险公司投保 10 万元人民币，该保险公司收取此客户 2000 元人民币的保险费，则该保险公司的保险费率是多少？

解：该保险公司的保险费率＝（2000÷100000）×100％＝2％。

（2）保险费率确定的基本原则。

保险费率由保险公司与快递企业进行协商，以保证制定出来的保险费率符合消费者的消费需求。如果保险公司仅仅是在追求利润的基础上制定费率，则会影响消费者投保的积极性。一般来说，保险费率的制定需要遵循以下原则：

①充分性原则。

指所收取的保险费足以支付保险金的赔付及合理的营业费用、税收和公司的预期利润，充分性原则的核心是保证保险人有足够的偿付能力。

②公平性原则。

指一方面保费收入必须与预期的支付相称；另一方面被保险人所负担的保费应与其所获得的保险权利相一致。

③合理性原则。

指保险费率应尽可能合理，既符合有关规定又使双方利益不受损失，不可因保险费率过高而使保险人获得超额利润。

④稳定灵活原则。

指保险费率应当在一定时期内保持稳定，以保证保险公司的信誉；同时，也要随着风险、保险责任和市场需求等因素的变化而调整，具有一定的灵活性。

⑤促进防损原则。

指保险费率的制定有利于促进被保险人加强防灾防损,对防灾工作做得好的被保险人降低其费率,对无损或损失少的被保险人实行优惠费率,而对防灾防损工作做得差的被保险人实行高费率或续保加费。

3. 保险费用的计算

计算公式:保险费用 = 保险金额 × 保险费率。

例如:某保险公司的快件保险费率为 2%,有一客户为自己所寄的快件投保 8 万元人民币,则此客户应缴纳的保险费用是多少?

解:此客户应缴纳的保险费用 $= 80000 \times 0.02 = 1600$ 元。

对于客户投保的快件,如果快件丢失,则保险公司应按照客户的投保金额进行赔偿,并由快递企业退还本次的运费;如果快件损毁较轻,经与客户协商同意后,可对其进行维修、置换以恢复快件价值,则由保险公司应承担本次的维修、置换费用;如果快件损毁较重无法置换,则应按快件丢失的情况赔偿客户。

4. 快件保价与快件保险的区别

(1)制度设计的目的不同。快件保险是将风险从个人和快递企业转移到保险公司的一种风险防范机制,而快件保价是风险由个人转移到快递企业的一种风险防范机制。

(2)涉及当事人不同。快件保险涉及快递企业、保险公司、客户和第三方评估机构,快件保价则只涉及客户和快递企业。

(3)风险范围不同。快件保险的风险范围主要是快递企业责任、第三方侵权行为和不可抗力等,而快件保价的风险范围是快递企业责任、非快递企业过失等。

(4)所保范围不同。保险承保的损失必须是可确定和可计量的,而对于不易确定和计量实际价值的快件则允许办理保价运输,但一般设置最高限额。

(5)费用性质不同。快件保险客户支付的是"保险费",而保价运输条件下支付的是保价附加服务费,属于快递企业的营业收入。

(6)风险承担者不同。快件保险的风险承担者是保险公司,而快件保价的风险承担者是快递企业。

(7)索赔程序不同。快件保险是出现问题后,保险公司需要客户提供相关单证,程序相对烦琐,而快件保价出现问题后,快递企业要求提供的单证比较少,理赔程序较为简单。

(8)管控风险不同。快递企业可集中大量客户争取优惠的保险费率,而快件保价是快递企业自行消化，投入量大，价值界定难度大，有时候会出现多赔、少赔或不赔等情况。

二、客户特殊需求及处理

随着社会的发展，客户的需求也日益增多，逐渐呈现出多样性、特殊性等特点。如何有效地满足客户的个性化需要和特殊需求，是快递企业在激烈的市场竞争中站稳脚跟并可持续发展的必不可少的战略。快递企业目前提供的特殊服务类型主要包括以下几种：

（一）委托件

1.委托件的概念

委托件是指快递企业受第三方委托，前往寄件人处取件后送达收件人的快件。确切地说就是客户 A 向快递企业提出申请，由快递员在客户 B 处收取快件，并依照客户 A 的意愿寄递到客户 C 处的一种特殊的收寄服务。

2.委托收件的操作流程

（1）快递企业接受并处理订单。

①快递企业客服人员接到委托方客户的订单电话。

②客服人员将委托收件表发至客户邮箱，并指导客户准确填写；或者客户自行在快递企业官网下载委托收件表并填写。

③客服人员接到委托方填写的委托收件表后，查阅相关内容，与委托方电话确认。

④客服人员与客户核实是否需要携带委托收件表格，如需携带，客服人员需要将委托收件表发送至快递员所在的营业网点或分公司。

⑤客服人员将订单信息发送至相应的快递员处。

（2）快递员接收订单。

①快递员接收委托收件订单信息。

②认真阅读订单信息。订单信息中注明"带委托收件表"的字样，须携带客服部传真的委托收件表收件；订单信息未注明"带委托收件表"的字样，可直接至客户处收件。

（3）快件收取。

①至客户处收件。

②按照委托收件表的数量对快件进行检查，并与订单信息进行核对。快件情况与订

单信息相符,则直接收取快件;如快件情况与订单信息不符,则致电客服部确认,待信息确认后再次收取此件。

③填写运单在委托方要求运单信息保密的情况下,严禁快递员在寄件客户处填写运单,快递员须在离开取件处后,按照委托件填写要求进行填单操作;委托方如未要求运单信息保密,按普通快件收件流程在寄件客户处操作。

④将委托快件运单号码反馈至客服部。

⑤按正常收件流程将快件发出。

3. 委托收件收取注意事项

(1)一般情况下,快递企业只对记账客户提供"委托收件"服务。

(2)客服人员在收到委托收件表后,必须与寄件客户联系,确认后上门收件。

(3)快递员必须检查快件是否符合寄递要求,保证服务质量,维护客户利益。

(4)如委托方客户要求保密,快递员必须离开寄方客户处再进行填单操作处理,确保履行服务承诺、维护客户利益,防止客户信息泄露。

4. 委托收件填写样表(表1-3)

委托收件表 表1-3

客户回传号码:010-64××9354　确认号码:010-64××9355　E-maill:×××@126.cn

1. 委托方客户资料	公司名称:北京××××××有限公司　联系人:李××
	座机:010-6942×542　传真:010-694××543
	手机(必填项):190××××7262 E-mail:×××@email.com
	地址:北京市东城区××号
	委托人签名或盖章:李××

2. 取件方资料:(取件时间:2012年5月4日16:00)	3. 到件方公司资料(收方):
公司名称:北京××××进口公司	公司名称:无
地址:北京市××××号	地址:北京市×××号
联系电话:198××××0000	联系电话:197××××8585
联系人:刘××	联系人:张××
	收件人税号:无

4. 货物资料:	5. 付款方式:
品名:男士西装	□寄方现付　☑寄方记账(需填写★内容)
声明/申报价值:2000元	□收方付　□转第三方记账(需填写★内容)
件数:1 件	★账号:123×××66　公司名称:ABC
实际重量(约):3 kg	联系人:孙××
轻泡重量(cm):长32×宽23×高34÷系数	电话:199××××4355

6.其他信息： 如双方客户地址保密,请标示确认:□是　□否(未作标示则默认为不需要保密) 保价:□是　□否 其他需求:_____
备注： 　1.委托收件将收取一定的服务费用,与运费绑定支付;委托方同意授权××快递代为填写、签署格式运单相关内容。 　2.您委托的快件重量与您预计不一致时,客户需确认,请您选择确认方: 　　□委托方　□收件方　确认方联系人:　　　　联系电话: 　3.目的地为台湾地区的物品类快件请填写收件人税号,如产生关税由收方支付,敬请知悉。 　4.所有出口快件,将按寄件当天我单位最新公布的汇率计算,详情请致电我单位客户服务热线咨询。 　5.所有入仓收件或出仓派送快件,如需支付仓库出、入仓费,将产生服务费××元/票。 　6.特别提示:为确保您的快件及时安全寄递,以上资料请务必填写清楚,如资料不齐全,将会影响时效

(二) 拒收到付件

1. 到付件的概念

到付件是由收件人支付快递费用的快件。

2. 拒收到付件的原因

(1)寄方客户在快件发出前未与收方客户达成一致。

(2)寄方客户与收方客户有经济纠纷或是在合作过程中存在矛盾,导致拒收。

(3)企业本身的制度原因导致拒收。

3. 拒收到付件业务操作流程

(1)客户提出拒收到付件业务需求。

(2)快递企业予以审核。

(3)双方签订免责条款。

(4)快递企业发布此客户的相关要求信息,并将信息传递到网络内所有的快递员处。

(5)快递员根据要求进行操作,同时做好客户解释工作。

(三) 代包装业务

1. 代包装业务的产生

随着社会生产力的不断发展及社会分工的逐渐细化,客户对服务品质的要求逐渐提高,优质且完善的服务往往成为企业竞争优势。于是,顺应市场的需求,快递企业的代包装业务就此产生。

代替客户对需要运输或是寄递的快件进行包装,是快递企业的一项新业务。代包装业务不仅可以满足客户的需求,而且还可以使用先进的包装理念及技术来对客户的快件进行合理、妥善的包装,以保证客户所寄递物品的安全。由于代包装业务会产生运费以外的服务费,所以一般来说,客户需求代包装业务的快件往往都是价值较高且包装难度较大的物品,比如陶瓷工艺品或玻璃制品。

2. 代包装业务操作流程

(1)签订协议。

①首先由客户提出申请。

②快递企业接到信息后,核实此项目种类是否具有可操作性,然后考虑是否签订协议。

③协议签订后,由客户提供对快递企业包装相关工作及注意事项的培训。

(2)业务操作。

①客户将代包装的信息提前通知快递企业。

②快递企业根据实际情况,安排适当的人员进行包装业务的操作。

③包装业务完成后,由客户对包装情况进行检查,达到包装要求后,即可按正常标准快件业务进行发运。

3. 代包装业务注意事项

(1)在审核客户的申请时,务必考虑此业务是否具备可操作性。例如:考虑此业务需要的人员、时间、成本等综合因素。

(2)进行必要的岗前培训。在和客户签订协议之后,一定对培训效果进行监控,以免在后续工作过程中因包装欠佳,导致损坏客户快件。

(3)快件包装完毕后,寄件人员应对快件进行必要的检查。

(四)定时派送

1. 定时派送的概念

定时派送是指快递企业按照寄/收件人指定的时间(时间段、时间点)上门派送快件的一种服务类型。由于此服务的时限要求较高,因此快递企业一般会收取额外的服务费。

2. 定时派送的类型

(1)限定日期派送:在运单定时服务栏备注需要限定的收寄日期,应详细到某年某月某日。

(2)限定时间段派送：在运单定时服务栏备注需要限定的收寄时间段,应详细到某年某月某日某个具体的时间段。

(3)限定时间点派送：在运单定时服务栏备注需要限定的收寄时间点,应详细到某年某月某日某个具体的时间点。

【案例1-1】

张先生马上就要过生日了,他的老朋友李先生想给他寄送一个生日礼物,但是张先生由于工作性质特殊,每天只能在中午有半个小时的时间可以支配。快递企业的客服人员根据客户情况向李先生推荐了定时派送服务,并在约定的时间上门将礼物派送给了张先生。

3.定时派送的操作流程

(1)首先告知客户快递企业目前开展此项业务,然后向客户详细介绍定时派送的效果及相应的资费。

(2)如客户选择此项服务,则应按照操作要求,在运单"定时派送"处打钩,并在定时服务一栏备注相应的定时服务类型。

4.快递企业定时派送免责条款

既然是收费的特殊项目,那么客户在支付服务费后就要享受到相应的定时派送服务,如果快递企业未能如约定时派送,理应返还客户的定时服务费用。但是也不是所有未实现的定时服务,快递企业都应向客户返还费用。是否返还的关键在于快件未送达的原因,因以下情况致使定时派送服务未达成的,则快递企业无须进行赔偿。

(1)快递企业按照客户要求派送,由于客户原因导致快件派送未成功,如客户不在、客户电话无人接听或无法接通,客户地址错误等。

(2)恶劣的天气情况,如特大暴雨或其他自然灾害导致道路封堵。

(3)遭遇交通管制。

(4)其他非快递企业主观错误导致的派送不成功。

5.定时派送注意事项

(1)定时派送服务要求快递企业具有稳定、可靠的运输资源以保证快件时效的稳定性。

（2）约定收取的定时派送时限一定是工作时间，对此快递员一定要仔细审核。

（3）为保证定时服务快件的准时率，快递企业应在快件包装上粘贴醒目的提示内容贴纸。

（五）签单返还业务

1. 签单返还业务的概念

签单返还业务是指快递企业按照客户需求，在成功派送快件后，将发件人签收或盖章后的回单返回寄件人的业务。

2. 签单返还业务的注意事项

（1）在运单备注栏或明显位置标注客户要求，签字、摁手印或盖章。

（2）在快件边角处粘贴签回单贴纸，达到提示效果。

（六）医药温控业务

此业务主要是为医药行业客户提供的寄递温度敏感药品/试剂、低温运输生物样本等物品并通过专业包装和快递设备确保物品在运输过程中保持在可控的低温范围（2℃ ~ 8℃、15℃ ~ 25℃）的快递服务。

1. 服务特性

（1）专人定时收派、专项客服、定制路由和专项监控等。

（2）寄递物品范围：温控药品、试剂、人体组织液和医疗器械等。

（3）除提供代收货款、保价和签单返还等增值服务外，同时还提供以下增值服务。

①特质包装：为满足医药客户的特殊寄递物品包装需求而提供的专用且需收费的包装服务。

②代办航空申报：针对特殊医药物品，提供航空运输申报服务，保障运输时效和医药产品品质。

2. 注意事项

（1）客户能依法提供《药品生产许可证》《药品经营许可证》或《互联网药品信息服务资格证书》《互联网药品交易服务资格证书》等资质文件。

（2）与客户签订月结协议。

（3）签署《温控运输门到门服务协议》或《温控干线运输服务协议》。

（4）一般不承接危险药品、麻精类药品、毒性药品以及干冰、液氮等包装类药品的寄递。

三、国际快件报关文件

一般个人物品的进、出口寄递主要使用到的单据是快递运单、形式发票,公司间的快件进、出口寄递还主要有商业发票、装箱单、代理报关委托书、进出口货物报关单等。

(一)形式发票

1. 形式发票的概念

形式发票也称预开发票、估价发票或试算发票,是快递企业按照海关要求提供的,证明所寄物品的品名、数量、价值、海关税则编码等,以便海关进行监管的报关文件。

2. 形式发票的作用

出口商有时应进口商的要求,发出一份列有出售货物的名称、规格、单价等信息的非正式参考性发票,供进口商向其本国贸易管理当局或外汇管理当局申请进口许可证或批准给予外汇等使用,这种发票称为形式发票。形式发票不是一种正式发票,不能用于托收和议付,它所列的单价等内容也仅仅是进口商根据当时情况所作的估计,对双方都无最终的约束力,所以说形式发票只是一种估价单,正式成交还要另外重新缮制商业发票。

形式发票的作用主要体现在以下几方面:

(1)是一份具有约束力的协议。

(2)一些国家作为进口许可程序的一部分。

(3)银行和金融机构使用形式发票来为进口商开立信用证。

(4)与商业发票相似,易于识别。

形式发票的格式有多种,但都会包含几个基本要素,即发件人名址、收件人名址、品名、质量、数量、申报金额等内容。在制作形式发票的过程中要遵循从上到下、从左到右的原则。所谓从上到下,即从一张发票最上面的项目开始,做完上一行的项目再做下一行的项目,遇到一行有多个纵向项目,则要遵循从左到右的原则。

这样,一不容易把需要改动的项目漏改,二把整张发票划分成若干单元小块完成制作可以提高精确度。因为在做发票时,每个企业都有其一套固定格式,通常每次都会套用固定格式,但在套用的同时容易出现"应该修改的项目而没有改过来"的错误。例如同一种商品不同订单批次的形式发票,往往套用相同格式、抬头、品名的单据,但是不同批次订单的票据在日期、数量和编号等小方面有细微的差别,这些差别很容易被忽略。然而,只要奉行从上到下、从左到右的原则来制作单据,并在这个原则下切实做到"心想、口读、眼盯、笔点、尺比逐行逐字母——核对"基本上就可以避免这方面的错误。

3.形式发票制作要求

(1)准确。

准确是制作形式发票的前提。制作的形式发票应首先满足单单、单证一致,其次还应符合国际贸易惯例、各国海关的法律和法规要求,第三形式发票还应与所描述的货物无出入。

(2)完整。

制作的形式发票要在内容、数量上完整,一般海关都会明确要求寄件方提交哪些单据、提交几份及在形式发票上应标明的内容,所有这些都必须得到满足。

(3)简明。

制作形式发票应简单、明了。为了防止混淆和误解,不要加注过多的细节内容及与快件本身无关的内容。

(4)整洁。

制作形式发票应清楚、干净、美观、大方,发票的格式设计合理,内容排列主次分明,重点内容醒目突出。不应出现涂抹现象,应尽量避免或减少加签修改。

4.形式发票样本

形式发票样式及样本如图1-2、图1-3所示。

(二) 商业发票

1.商业发票的概念

商业发票是卖方交给买方全方位确认销售协议的最后文件,如图1-4所示。商业发票应当含有形式发票所提供的全部条款,或经协商后更改的条款。商业发票也被政府用来确定货物估价以便海关征税、验货和统计数据。此外,很多国家使用形式发票来控制进口。对于出口商来说,应和进口商一起核准商业发票中必备内容,以便在进口国顺利通关。

2.商业发票的作用

(1)是卖方履约的证明。

(2)是出口商收取货款和进出口双方记账的凭证。

(3)是进出口双方办理报关纳税的重要依据。

(4)是出口商办理保险等出口手续时需要提供的单据之一。

形式发票
Proforma Invoice

收件人：　　　　　　　　　　　　　　　　运单号：
Consignee :＿＿＿＿＿＿＿＿＿　　　　　　 Airbill No . :＿＿＿＿＿＿＿＿

公司名称：　　　　　　　　　　　　　　　　承运人：
Company Name :＿＿＿＿＿＿＿＿　　　　 Carrier :＿＿＿＿＿＿＿＿

地址：　　　　　　　　　　　　　　　　　　重量：
Address :＿＿＿＿＿＿＿＿＿　　　　　　　 Weight :＿＿＿＿＿＿＿＿

城市 / 地区号：　　　　　　　　　　　　　　体积：
Town/Area Code:＿＿＿＿＿＿　　　　　　 Dimensions :＿＿＿＿＿＿＿＿

国家：　　　　　　　　　　　　　　　　　　电话 / 传真：
State/Country :＿＿＿＿＿＿＿　　　　　　 Phone/Fax No :＿＿＿＿＿＿＿

详细的商品名称 Full Description of Goods	海关税则编码 Harmonised Commodity Code	生产厂商 Manufacturer	数量 No. of Items	单价 Item Value	报关总价 Total Value for Customs

本人认为以上提供的资料属实和正确，货物原产地是 ＿＿＿＿＿＿＿＿＿＿＿＿

I declare that the above information is true and correct to the best of my knowledge and that the goods are of ＿＿＿＿＿＿＿＿ origin .

出口理由：
Reason for Export :

签　名：　　　　　　　　　　　　　　　　　公　章：
Signature :　　　　　　　　　　　　　　　　 Stamp :

图 1-2　形式发票

寄件人（Consignor）：_____ 公司名称（Company Name）：_____ 地址（Address）：_____ 电话/传真（Phone/Fax）：_____	×××公司形式发票 Proforma Invoice		
收件人（Consignee）：_____ 公司名称（Company Name）：_____ 地址（Address）：_____ 电话/传真（Phone/Fax）：_____	发票号（NO.）：	发票日期（Date）：	
运输细节（Transport Details）：	合同号（S/C No.）：		
	付款方式（Terms of Payment）：		
运输标志 （Marks & No.）	包装的件数、种类及商品描述 （Number and Kind of Package and Description of Goods）	数量 （Quantity）	单价 （Unit Price）	总价 （Amount）
		总计（Total）：		

出发地（Port to Loading）：	
目的地（Port of Destination）：	
出运时间（Time of Delivery）：	
保险（Insurance）：	
是否生效（Validity）：	
受益人（Beneficiary）：	
通知行（Advising Bank）：	
议付行（Negotiating Bank）：	

图 1-3　形式发票样本

3.商业发票的内容

商业发票主要分为首文部分、本文部分和结文部分。

（1）首文部分包括卖方名称、买方名称、发票号码及日期、信用证号码及日期、合同号码及日期、运输工具等。

（2）本文部分包括唛头、商品描述、数量、单价及总价、合计数量等。

（3）结文部分包括加注的各种证明、签字、盖章。

商业发票
Commercial　Invoice

卖方(Seller)	发票号(Invoice No.)：		日期(Invoice Date)：
	信用证号码(L/C No.)：		信用证日期(L/C Date)：
	开证行(L/C Issued By)：		
买方(Buyer)：	合同号码(Contract No.)：		合同日期(Date)：
	始发地(From)：		目的地(To)：
	运输工具(Shipped By)：		

唛头(Marks)、商品名称、规格描述(Description)、数量(Quantity)、价格(Price)、件数(Unit)、商品的总重量、总价值(Amount of Goods Weight and Term Price)

出具人(Issued By)：

签　章(Signature)：

图1-4　商业发票样本

4．填写商业发票应注意的事项

（1）卖方栏目要按合同约定和信用证的规定填写名称和地址的全称，一般名称和地址要分行。

（2）买方栏目又称发票的收货人或抬头人。当采用信用证方式付款时，商业发票必须以信用证申请人为抬头，除非信用证另有规定。跟单托收业务，发票上的收货人应根据合同所列买方或指定名称缮制,并列明详细地址。

(3)发票号码。发票号码由出口商自行编制,一方面便于出口商的查寻,同时又代表了全套单据的号码和某批货物,所以,在缮制时不能遗漏。缮制汇票时的号码就是按发票号码填写。

(4)发票日期。发票的出票日期,采用信用证方式时,一般在信用证开证日期之后,装运日期之前,或至少在交单或有效期之前。

(5)信用证号码、日期按信用证填写。

(6)开证行。填写信用证的开证行。

(7)合同号码。应与信用证上所列的一致,须在发票上列明。若一笔交易有几个合同号码,都应打在发票上。

(8)合同日期为订立合同的时间。

(9)起运地、目的地。按信用证规定填写,并与凭单所列明的一致。同时注意目的地的规定要明确具体,不能笼统;有重名的目的地后面要加打国别。

(10)运输工具。在得到船运公司或运输代理的配载通知后,按其配载内容列明运输工具和航次。

(11)唛头。又称运输标志,它通常是由一个简单的几何图形和一些字母、数字及简单的文字组成,其作用在于使货物在装卸、运输、保管过程中便于被有关人员识别,以防错发错运。凡是信用证上规定唛头的,必须逐字逐行按规定缮制,并与其他单据的唛头相一致。信用证中没有规定唛头的,则按合同条款中指明的唛头或买方已提供的唛头缮制;如果都没有规定的,则由卖方自行设计,并注意单单相符。

(12)商品名称及规格。必须与合同和信用证一致。

(13)数量或重量既要与实际装运货物相符,又要符合信用证规定。以件数计算价格的商品,发票要列明件数;以重量计算价格的,发票必须列出重量。如果货品规格较多,每种商品应打明小计数量,最后汇总出总数量。

(14)价格术语要严格按信用证规定填制,有时含佣金,有时不含佣金。

(15)单价和总值是发票的重点,特别要注意发票金额不超过信用证金额,发票的货币要与信用证相一致。

(16)出具人和签章。一般发票必须经出口商正式签字盖章才有效,并注意使用的图章和签字与其他单据的签章相一致。如果对方国家要求手签时,要注意各国的习惯。

5. *形式发票与商业发票的区别*

(1)本质的不同。

形式发票属于非正式发票,而商业发票则属于正式发票。

（2）涵盖内容的不同。

形式发票不是一种正式发票,主要包括产品名称、单价、数量、总额以及报价方式、汇款方式和交货期等基本内容;而商业发票是一笔业务的全面反映,内容包括商品的名称、规格、价格、数量、金额、包装等信息。

（3）作用不同。

形式发票可以用来申请进口许可证,作为向海关申报货物价格或邀请买方发出确定的订单;而商业发票则是用来供国外买方凭以收货、支付货款和报关完税使用的正式发票。

6.商业发票制作实例

2010年6月14日,余辉货运代理公司业务员收到客户发来的信用证,要求根据这批货物的信用证信息制作一份商业发票:

Dalian Import and Export Co.,Ltd. 与韩国 Daiwan Art and Crafts Co.,Ltd. 于 2010.06.06 签订一份出口玻璃器皿(Glass Ware)的合同。

合同号:RS303/008。

2010.06.13 开具信用证,号码:M0389701。信用证最晚装运日期 2010.07.30,有效期至 2010.08.13。

卖方 2010 年 7 月 28 日装船完毕,取得提单。

货号	单价	数量	毛重	净重
03-01	USD6.12/PC	100PCS	635kg	540kg
03-02	USD5.23/PC	100PCS	635kg	540kg

注:USD 为美元;PC 为 Piece 缩写词,代表件数;PCS 是 Pieces 的缩写词,代表件数的复数。

唛头:无

装运港:大连

32B/AMOUNT:USD1135

44A:ANY PORT IN CHINA

44B:BUSAN PORT,KOREA

45:Glass Ware AS PER SALES CONFIRMATION NO. RS303/008 DATED 6-6-2010 CIF BUSAN PORT,KOREA

46/DOCUMENTS REQUIRED: + SIGNED COMMERCIAL INVOICE

该商业发票制作如图 1-5 所示。

大连进出口有限公司
Dalian Import and Export Co.，Ltd.
COMMERCIAL INVOICE

TO:
DAIWAN ART AND CRAFTS CO.，LTD.

NO: 12698
DATE：JULY 28，2010
S/C NO.: RS303/008
L/C NO.: M0389701

FROM　DALIAN　TO　BUSAN　BY SEA

MARKS&NO.S	DESCRIPTION	QUANTITIES	UNIT PRICE	AMOUNT CIF BUSAN
	Glass Ware			
N/M	03-01	100PCS	USD6.12/PC	USD612.00
	03-02	100PCS	USD5.23/PC	USD523.00
	Glass Ware AS PER SALES CONFIRMATION NO.RS303/008 DATED 6-6-2010			
TOTAL:		200PCS		USD1135.00

SAY US DOLLARS ONE THOUSAND ONE HUNDERED AND TIRTY FIVE ONLY

大连进出口有限公司
Dalian Import and Export Co.，Ltd.
张小二

图 1-5　商业发票制作实例

(三) 装箱单

1. 装箱单

装箱单又叫包装单,是最常用的附属单据,在进出口业务中,除了散装货物外,一般都要求提供装箱单。装箱单是发票的补充单据,它列明了信用证(或合同)中买卖双方约定的有关包装事宜的细节,便于国外买方在货物到达目的港时供海关检查和核对货物,通常可以将其有关内容加列在商业发票上,但是在信用证有明确要求时,就必须严格按信用证约定制作。装箱单样本如图 1-6 所示。

2. 装箱单的作用

(1)海关通关时必须按照装箱单所载明细逐一核对。

(2)公证行检验或进口商提货均以装箱单上的记载为依据。

(3)货物代理公司定舱时以装箱单所载毛重和尺码为依据。

出单方(Issuer)						
	装箱单 (Packing List)					
受单方(To)						
	发票号(Invoice No.)			日期(Date)		

运输标志 (Marks No.)	商品描述 (Description Of Goods)	数量 (Quantity)	包装件数 (Package)	毛重 (G. W.)	净重 (N. W.)	箱外尺寸 (Measurement)
总计(Total)						

图1-6 装箱单样本

3. 装箱单填写的注意事项

(1)包装单据的名称应与信用证内规定的名称一致,如:packing list in triplicate,则打上 packing list;packing and weight list in triplicate ,则打上 packing and weight list。

(2)毛、净重一般要求显示货物的总的毛重、净重。

(3)装箱单据一般不显示货物的单价、总价,因为进口商在转移这些单据给实际买方时不愿泄露其购买成本。

4. 装箱单的填写

装箱单(Packing List):在中文"装箱单"上方的空白处填写出单人的中文名称地址,"装箱单"下方的英文可根据要求自行变换。

出单方(Issuer):出单人的名称与地址。在信用证支付方式下,此栏应与信用证受益人的名称和地址一致。

受单方(To):受单方的名称与地址。多数情况下填写进口商的名称和地址,并与信用证开证申请人的名称和地址保持一致。在某些情况下也可不填,或填写"To whom it may concern"(致有关人)。

发票号(Invoice No.):填发票号码。

日期(Date):"装箱单"缮制日期。应与发票日期一致,不能迟于信用证的有效期及提单日期。

运输标志(Marks and Numbers):又称唛头,是出口货物包装上的装运标记和号码。其要符合信用证的要求,与发票、提单一致。

包装种类和件数、货物描述(Number and kind of packages,description of goods):填写货物及包装的详细资料,包括货物名称、规格、数量和包装说明等内容。

货物的毛重、净重:信用证要求列出单件毛重、净重和皮重时应照办;按货物的实际体积填列,均应符合信用证的规定。

自由处理区:自由处理区位于单据格式下方,用于表达格式中其他栏目不能或不便表达的内容。

5.装箱单制作实例

2010 年 6 月 14 日,滕光货运代理公司业务员收到客户发来的信用证,要求根据这批货物的信用证信息填写装箱单:

Dalian Import and Export Co.,Ltd.与韩国 Daiwan Art and Crafts Co.,Ltd.于 2010.06.06 签订一份出口玻璃器皿(Glass Ware)的合同。

合同号:RS303/008。

2010.06.13 开来信用证,号码:M0389701。信用证最晚装运期 2010.07.30,有效期至 2010.08.13。

卖方 2010 年 7 月 28 日装船完毕,取得提单。

货号	单价	数量	毛重	净重
03-01	USD6.12/PC	100PCS	635kg	540kg
03-02	USD5.23/PC	100PCS	635kg	540kg

唛头:无

装运港:大连

32B/AMOUNT：USD 1135

44A：ANY PORT IN CHINA

44B：BUSAN PORT，KOREA

45：Glass Ware AS PER SALES CONFIRMATION NO. RS303/008 DATED 6-6-2010 CIF BUSAN PORT，KOREA

46/DOCUMENTS REQUIRED：+ SIGNED COMMERCIAL INVOICE

装箱单制作如图 1-7 所示。

大连进出口有限公司
Dalian Import and Export Co.，Ltd.

PACKING LIST

TO.	INVOICE NO. ：		DATE：	12698 JULY 28，2010

DAIWAN ART AND CRAFTS CO.，LTD.

FROM	TO	BY
DALIAN	BUSAN	SEA

MARKS&NO.S	DESCRIPTIONS	QUANTITIES	PACKAGES	GW.	NW.	MEASUREMENT
N/M	Glass Ware 03-01	100PCS	10CTNS	@6.3KGS 63KGS	@5.4KGS 54KGS	@(70×40×50)CM 1.4CBMS
	03-02 Glass Ware A S PER SALES CONFIRMATION NO.RS303/008 DATED 6-6-2010	100PCS	10CTNS	@6.3KGS 63KGS	@5.4KGS 54KGS	@(70×40×50)CM 1.4CBMS
TOTAL：		200PCS	200CTNS	126KGS	108KGS	2.8GBMS

ALL THE GOODS ARE PACKED IN TWENTY CARTONS ONLY.

大连进出口有限公司
Dalian Import and Export Co.，Ltd.
张小二

图1-7　装箱单制作实例

注：CTNS-集装箱数；KGS-kg 英文复数；CBMS-平方米

（四）进出口货物报关单

进出口货物报关单是由海关总署规定统一格式和填制规范,由进出口货物收发货人或其代理人填制并向海关提交的申报货物状况的法律文书,是海关依法监管货物进出口、征收关税及其他税费、编制海关统计以及处理其他海关业务的重要凭证。

根据贸易性质和海关监管的要求不同,进出口货物报关单分为进口货物报关单（图 1-8）、出口货物报关单（图 1-9）、进料加工专用进口货物报关单、进料加工专用出口货物报关单、来料加工补偿贸易专用进口货物报关单、来料加工补偿贸易专用出口货物报关单、外商投资企业专用进口货物报关单、外商投资企业专用出口货物报关单等不同类别。上述各种不同类别的报关单,有的采用不同的颜色,有的采用在报关单右上角加盖贸易性质的图章等方法加以区别,但报关单的各项申报栏目基本上是相同的。

中华人民共和国海关进口货物报关单

预录入编号:　　　　　　　　　　　　　海关编号:

进口口岸	备案号		出口日期	申报日期
经营单位	运输方式		运输工具名称	提运单号
收货单位	贸易方式		征免性质	征税比例
许可证号	启运国(地区)		装货港	境内目的地
批准文号	成交方式	运费	保费	杂费
合同协议号	件数	包装种类	毛重(公斤)	净重(公斤)
集装箱号	随付单据			用途

标记唛码及备注

项号	商品编号	商品名称、规格型号	数量及单位	原产国(地区)	单价	总价	币制	征免

税费征收情况

录入员　　录入单位	兹声明以上申报无讹并承担法律责任	海关审单批注及放行日期(签章)
	报关员	审单　　　　审价
单位地址		征税　　　　统计
邮编　　电话　　填制日期		查验　　　　放行

图1-8　进口货物报关单样本

中华人民共和国海关出口货物报关单

预录入编号：　　　　　　　　　　　　　　　　　海关编号：

出口口岸	备案号	出口日期		申报日期
经营单位	运输方式	运输工具名称		提运单号
发货单位	贸易方式	征免性质		结汇方式
许可证号	运抵国(地区)	指运港		境内货源地
批准文号	成交方式	运费	保费	杂费
合同协议号	件数	包装种类	毛重(公斤)	净重(公斤)
集装箱号	随附单据	生产厂家		

标记唛码及备注

项号	商品编号	商品名称、规格型号	数量及单位	最终目的国(地区)	单价	总价	币制	征免

合计总价：

税费征收情况

录入员　　录入单位	兹声明以上申报无讹并承担法律责任	海关审单批注及放行日期(签章)
		审单　　　　审价
报关员		征税　　　　统计
单位地址　　　　申报单位(签章)		
邮编　　　电话　　　填制日期		查验　　　　放行

图 1-9　出口货物报关单样本

进口货物报关单一式五联,分别是:海关作业联、海关留存联、企业留存联、海关核销联、进口付汇证明联;出口货物报关单一式六联,分别是:海关作业联、海关留存联、企业留存联、海关核销联、出口收汇证明联、出口退税证明联。

进出口货物报关单可以分为以下几种类型:

(1)按进出口状态划分:进口货物报关单和出口货物报关单。

(2)按表现形式划分:纸质报关单和电子数据报关单。

(3)按使用性质划分:

①进料加工进出口货物报关单(粉红色);

②来料加工及补偿贸易进出口货物报关单(浅绿色);

③外商投资企业进出口货物报关单(浅蓝色);

④一般贸易及其他贸易进出口货物报关单(白色);

⑤需国内退税的出口贸易报关单(浅黄色)。

(4)按用途划分:

①报关单录入凭单;

②预录入报关单;

③电子数据报关单;

④报关单证明联。

每一份报关单都有一个固定的编号,共18位,例如424020090909038703(表1-4)。

报关单编号示例   表1-4

位数	1~4				5~8				9	10	11	12	13~18					
编码	4	2	4	0	2	0	0	9	9	0	9	0	3	8	7	0	3	

其中,1~4位"4240"代表关区是青岛海关快件监管中心,全国各大关区有不同的四位数代码。5~8位"2009"代表年份。第9位有两个数字0和1,0代表出口报关单,1代表进口报关单。第10位相对来说是比较固定的,每个海关都不一样。例如青岛海关"4220",出口报关单第10位是"7",进口为"2";黄岛海关"4218",出口报关单第10位是"6",进口的是"1";青岛快件"4240"的进口报关单第10位是"4",出口的是"9"。第11位代表的是关区四位数编码的最后一位数值,如例子中的"0"与青岛海关快件中心"4240";第12位代表的是年份,如例子中的"9"即代表2009年;最后六位数字没有实际意义,是流水号。

(五)代理报关委托书

代理报关委托书是托运人委托承运人或其代理人办理报关等通关事宜,明确双方责任和义务的书面证明,样本如图 1-10 所示。委托方应及时提供报关报检所需的全部单证,并对单证的真实性、准确性和完整性负责。

<table>
<tr><td colspan="2" align="center">代理报关委托书</td></tr>
<tr><td colspan="2">编号:□□□□□□□□□□□</td></tr>
<tr><td colspan="2">　我单位现(A逐票、B长期)委托贵公司代理等通关事宜。(A、填单报关 B、辅助查验 C、垫缴税款 D、办理海关证明联 E、审批手册 F、核销手册 G、申办减免税手续 H、其他)详见《委托报关协议》。</td></tr>
<tr><td colspan="2">　我单位保证遵守《海关法》和国家有关法规,保证所提供的情况真实、完整、单货相符。否则,愿承担相关法律责任。</td></tr>
<tr><td colspan="2">　本委托书有效期自签字之日起至　　年　月　日止。</td></tr>
<tr><td colspan="2" align="right">委托方(盖章):</td></tr>
<tr><td colspan="2">　　　　法定代表人或其授权签署《代理报关委托书》的人(签字):
　　　　　　　　　　　　　　　　　　　　　　　年　月　日</td></tr>
</table>

委托报关协议

为明确委托报关具体事项和各自责任,双方经平等协商签定协议如下:

委托方	(填写发件公司)	被委托方		
主要货物名称	(同发票上的货物品名)	*报关单编码	No.	
HS编码	□□□□□□□□□□ 只写年份	收到单证日期	年　月　日	
进出口日期	2014年　月　日	收到单证情况	合同□	发票□
提单号	(填运单号)		装箱清单□	提(运)单□
贸易方式			加工贸易手册□	许可证件□
原产地/货源地			其他	
传真电话		报关收费	人民币:　　　　元	
其他要求:		承诺说明:		
背面所列通用条款是本协议不可分割的一部分,对本协议的签署构成了对背面通用条款的同意:		背面所列通用条款是本协议不可分割的一部分,对本协议的签署构成了对背面通用条款的同意:		
委托方业务签章:		被委托方业务签章:		
经办人签章: 联系电话:　　　　　　年　月　日 寄件日期		经办报关员签章: 联系电话:　　　　　　年　月　日		

　(白联:海关留存;黄联:被委托方留存;红联:委托方留存)　　　　中国报关协会监制

图 1-10　代理报关委托书及委托报关协议样本

1. 委托方责任

委托方负责在报关企业办结海关手续后,及时、履约支付代理报关费用,支付垫支费用,以及因委托方责任产生的滞报金、滞纳金和海关等执法单位依法处置的各种罚款;负责按照海关要求将货物运抵指定场所;负责与被委托方报关员一同协助海关进行查验,回答海关的询问,配合相关调查,并承担产生的相关费用;在被委托方无法做到报关前提取货样的情况下,承担单货相符的责任。

2. 被委托方责任

被委托方负责解答委托方有关向海关申报的疑问,负责对委托方提供的货物情况和单证的真实性、完整性进行"合理审查"。审查内容包括:

(1)证明进出口货物实际情况的资料,包括进出口货物的品名、规格、用途、产地、贸易方式等;

(2)有关进出口货物的合同、发票、运输单据、装箱单等商业单据;

(3)进出口所需的许可证件及随附单证;

(4)海关要求的加工贸易(纸质或电子数据的)及其他进出口单证。

因需要确定货物的品名、归类等原因,经海关批准,可以看货或提取货样。

在接到委托方交付齐备的随附单证后,负责依据委托方提供的单证,按照《中华人民共和国海关进出口报关单填制规范》认真填制报关单,承担"单单相符"的责任,在海关规定和本委托报关协议中约定的时间内报关,办理海关手续。负责及时通知委托方共同协助海关进行查验,并配合海关开展相关调查。负责支付因报关企业的责任给委托方造成的直接经济损失,所产生的滞报金、滞纳金和海关等执法单位依法处置的各种罚款。负责在本委托书约定的时间内将办结海关手续的有关委托内容的单证、文件交还委托方或其指定的人员(详见《委托报关协议》"其他要求"栏)。

3. 赔偿原则

被委托方不承担因不可抗力给委托方造成损失的责任。因其他过失造成的损失,由双方自行约定或按国家有关法律法规的规定办理。由此造成的风险,委托方可通过投保的方式自行规避。签约双方各自不承担因另外一方原因造成的直接经济损失,以及滞报金、滞纳金和相关罚款。

4. 收费原则

一般货物报关收费原则上按当地《报关行业收费指导价格》规定执行。特殊商品可由双方另行商定。

5. 协商解决事项

变更、中止本协议或双方发生争议时，按照《中华人民共和国合同法》有关规定及程序处理。因签约双方以外的原因产生的问题或报关业务需要修改协议条款，应协商订立补充协议。双方可以在法律、行政法规准许的范围内另行签署补充条款，但补充条款不得与本协议的内容相抵触。

四、出口正式报关（D 类）清关

正式报关一般必须提供的单证包括运单、出口货物报关单、代理报关委托书、形式发票、装箱单等。有的商品出口需商品质量合格证明；出口货物有配额限制的要提供出口许可证；根据海关对出口商品的监管条件，有时还需提供商品检验证书、熏蒸证书等；经海关批准准予减税、免税的货物，应交海关签章的减免税证明；若货物是化工品的，报关还要提供化工品情况说明及药典证明。

出口正式报关清关流程如图 1-11 所示。

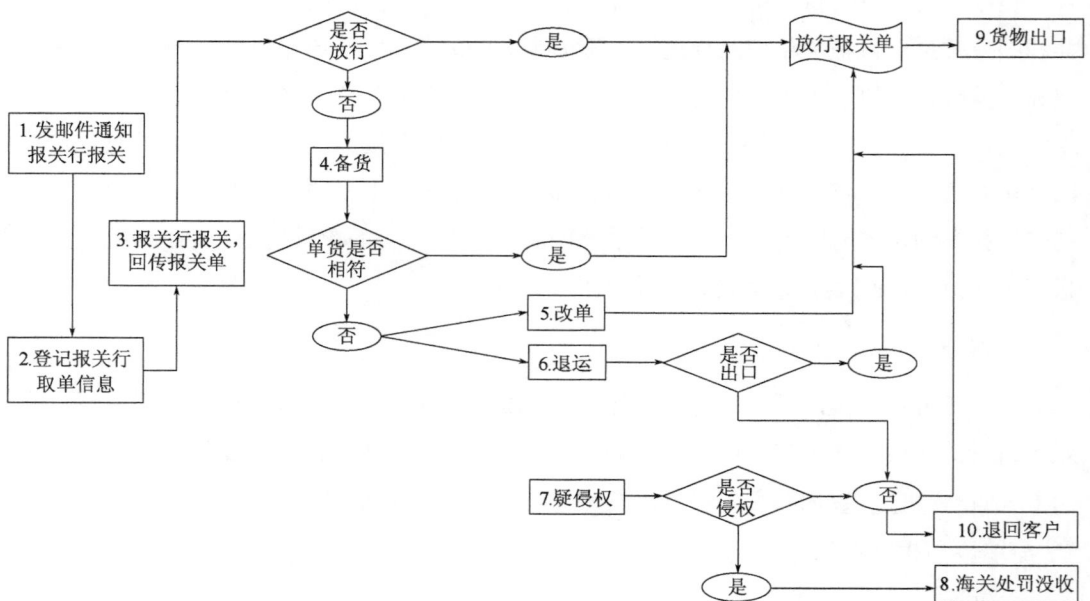

图 1-11　出口正式报关清关流程图

1. 正式报关所需基本单证（表 1-5）

正式报关所需基本单证　　　　　　　　　　　表 1-5

报关单证	一般贸易	进料对口/来料加工	维修品（出境维修）	维修品（进境维修复出口）	进料料件复出/来料料仵复出	进料成品退换/来料成品退换	暂时进口复出口	暂时出口
贸易合同正本	√							
形式发票正本	√	√	√	√	√	√	√	√
装箱清单正本	√	√	√	√	√	√		√
电子手册/账册表头表体复印件加盖公章		√			√	√		
协议正本			√维修协议		√复出协议	√退换协议		√官方邀请函（复印件）
报关委托书正本	√	√	√	√	√	√	√	√
报关单或 H2000 出口报关制单资料	√	√	√	√	√	√	√	√
原进口报关单正本			√	√	√	√	√	
原进口税单复印件			√					
备注				原进口整套申报资料正本			原进口整套申报资料正本	国际商会录单证明、暂准进口（ATA）单证册、ATA 单证册的中文货物清单

2. 单证完整性核查

为了确保正式报关类快件顺利清关，必须做到单单相符、单货相符、单证完整准确、单货一致可信。

（1）单证（根据贸易方式）是否已经提供齐全。

（2）每项单证是否符合要求。

①发票（形式发票与统一发票均可）。

a. 注明收发件人公司名称，电话。

b. 注明产品名称，单价，总价。

c. 注明成交方式［FOB（离岸价），CNF（成本加运费），CIF（到岸价）等］。

d. 正本盖章。

②装箱单。

a. 注明产品中文品名、总件数。

b. 注明详细的装箱情况(每箱的箱号,数量,净重,毛重)。

c. 盖章,正本。

③手册(账册)。

a. 纸制手册(账册)提供正本。

b. 电子手册(账册)表头及含有本次出口该项货物的对应一页的复印件加盖公章。

④贸易合同(或协议)。

a. 注明收发件人公司名称、电话。

b. 注明产品名称、单价、总价(与发票保持一致或单价保持一致,数量不少于发票)。

c. 注明合同号/协议号(重要,不是发票号)。

d. 合同/协议条款。

e. 中方盖章。

⑤报关委托书。

正本,右上角盖公章,左下角盖公章或报关章,业务章。

⑥报关单审核。

核对成交方式(运保费等)。

(3)核查货物信息是否齐全(图1-12)。

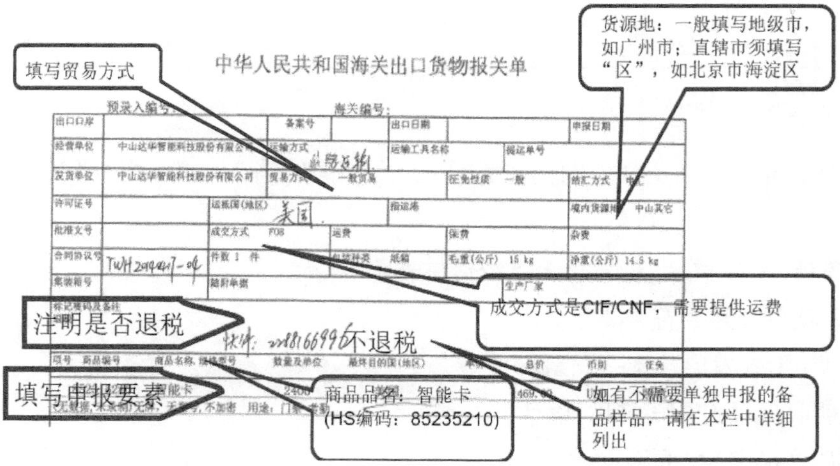

图 1-12　出口货物报关单核查注意事项

①申报要素的大致分类(表1-6)。

申报要素分类表　　　　　　　　　　　表1-6

HS章节	产品	出口手填报关单需提供的"规范申报"要素							
		产品用途	材质	规格型号	织造方式	成分	分子式	加工程度	款式
84~85	机电类	Y		Y					
50~63	纺织品				Y	Y			
90~92	光学照相电影计量检验医疗或外科用仪器及设备精密仪器及设备钟表乐器;上述物品的零件	Y		Y					
94~96	杂项制品	Y	Y						
28~38	化学工业及其相关工业的产品	Y				Y	Y		
39~40	塑料及其制品;橡胶及其制品	Y				Y			
72~83	贱金属及其制品	Y	Y						
71	天然或养殖珍珠;宝石或半宝石;贵金属(包含贵金属及其制品);仿首饰;硬币		Y		Y			Y	
47~49	木浆及其他纤维状纤维素浆;回收(废碎)纸或纸板;纸、纸板及其制品	Y	Y	Y					
64~67	鞋帽伞仗鞭及其零件;已加工的羽毛及其制品;人造花;人发制品		Y						Y

②常见的成交方式。

a. FOB = 离岸价;

制单要求:出口报关单上无需填制运费和保费。

b. CNF = 成本加运费;

制单要求:出口报关单上需填制运费,无需填写保费。

c. CIF = 成本加运费加保费;

制单要求:出口报关单上需填制运费和保费。

d. C&I = 成本加保费;

制单要求:出口报关单上需填制保费,运费无需填写。

由于海关H2000系统中目前只有上述四种成交方式,因此如果客户报关单上有如下成交方式请按照如下规则处理:EXW,FCA = FOB;CPT = CNF;CIP = CIF;DDP,DDU = CIF。

3.申报注意事项

（1）出口货物的报关时限为装货的24小时以前，不需要征税、查验的货物，自接受申报起1日内办结通关手续。

（2）征税。我国仅针对少数原材料、矿产品、石油等征收出口税，其他货物不征收出口税。

（3）查验。指海关在接受报关单位的申报并以已审核的报关数据为依据，通过对出口货物进行实际的核查，以确定报关单证申报的内容是否与实际出口的货物相符的一种监管方式。目前海关对进出口货物采取随机抽查的方式。

（4）放行。对于一般出口货物，在发货人或代理人如实向海关申报后，海关在报关单、快件快递运单等相关单证上盖"海关放行章"，出口货物的发货人便可装运出境。

4.快件海关扣关的种类

（1）申报信息与实际货物不符。如：品名、价值、数量、重量、规格型号、用途、材质。一般申报不符的，可在2～5天内向海关申请重新申报放行；严重申报不符的，海关将会移交缉私科处理，一般会在1～3个月处理完毕。

（2）需要提供相关货物的发票或其他要求提供的单证。如：产品说明书、品牌授权书、电子产品备案书、证明等。

5.海关扣件类型及解决方式（表1-7）

海关扣件类型及解决方式 表1-7

扣件类型	明细	产生原因	解决方式
快件信息问题	错报快件类型	清单上的快件类型与实际货物不符	正确制作清单，并严格按文件、包裹的定义进行分类登记
	品名不翔实	形式发票上填写物品名称不详细	在填写形式发票时一定要将物品的品牌、规格、型号等填写清楚
	重量不符	清单上的计费重量与实际货物不符	正确计算货物的重量（或体积重量），交货前保证货物的严实包装，避免使货物产生变形的操作与包装方式，据实填写交接清单的计费重量
	物品不符	运单发票申报与实际货物不相符	收货、交货前仔细核实发件人的寄运物品，根据实际货物书写运单发票资料
	有货无单、有单无货	清单与实际到的货物不相符	正确制作交接清单，交货前根据交接清单核实待交的货物，做到单货相符

续上表

扣件类型	明细	产生原因	解决方式
快件信息问题	信息问题	操作中转要求不明确或不在提供服务范围内	正确制作交接资料及书写操作中转要求,交货前应正确判断所交货物是否在提供的服务范围之内,有疑问的可让客服查询
申报问题	要求提供美元报价	报价不规范	美元是国际通用币种,为各国海关所接受,正确使用美元报价有利于清关,减少清关问题
	价值不符	运单发票上的申报价值与实际货物的价值不符	根据货物的实际价值向海关申报,并正确地填写在运单和发票上
	无发票	随货没有提供发票	发件人必须提供货物的发票,以便向海关申报,减少货物的清关问题
	数量不符	运单发票申报的数量与实际货物不相符	装箱发货前,清点内装货物数量,并做好封箱。根据实际货物的数量,正确制作运单发票资料

五、主要国家或地区正式清关要求

(一) 亚洲

亚洲主要国家或地区正式清关要求如表 1-8 所示。

亚洲主要国家或地区正式清关要求 表 1-8

序号	国家或地区	清关单证	清关要求
1	日本	①商业发票;②装箱单;③正本已签署的提单或空运提单;④原产地证明书以及卫生检疫证明,用于牲畜、畜产品、植物种子、食品	①空运金额大于 100000 日元(约 910 美元,约合 110 日元兑 1 美元)还必须包括商业发票。②单票快件价值达到 80 美元、货物重量达到 20kg 及包类、鞋类、针织品类(包、鞋、针织品类不论货物重量大小及申报价值的高低)都必须提供通关用形式发票。③单箱只接受装入单一品名(如:相同产品颜色、款式、型号不同,均需要分开装箱)。④产品及产品包装上的 LOGO,不可带有侵权的纹路、图案及文字
2	韩国	①商业发票;②原产地证明书;③自由买卖证明,用于化妆品,证明对健康无害;④检验证书,用于药品;⑤卫生检疫证明,用于植物和植株部分、蔬菜、果实和粮食	①禁止接受电子烟及其配件寄递。②对进出口业务中提供不正确收件人地址和电话号码的情况会被添加到受限制的清单上。③对所有收件人为个人且货值低于 150 美元的快件,随货必须提供收件人的个人海关清关编码(Personnel Customs Clearance Code,简称 PCCC)或 DOB(出生年月日,格式为 YYYYMMDD)进行实名验证,出货时在运单上的收件人字段务必备注 PCCC

续上表

序号	国家或地区	清关单证	清关要求
3	中国香港	①舱单;②进口证/出口证或移走许可证;③扣留通知书副本;④其他证明文件,如提单、空运提单、发票、装箱单等	①转口的须提交出口国的原产地证明书换取香港转口证明书,转载的凭出口原产地证明书换取香港转载证明书。 ②到香港和在香港中转的提单需要显示详细品名;对于一票单有多种货物的情况,需要提供每种货物的件重尺及对应的货描和唛头。 ③如果货物是酒类或者含酒精的饮品,需要提供并显示度数在提单上
4	中国台湾	①商业发票;②原产地证明书;③供货人说明	①禁止接受寄递电子烟及配件。 ②所有以企业对消费者(B2C)和消费者对消费者(C2C)形式发往中国台湾的快件(文件类除外),需要进行预注册登记和预清关认证
5	越南	①商业发票,在发票上出口商必须作原产地声明和价格声明,并作出具有法律约束力的签字;②原产地证明书	①发票上应提供货物的完整描述,包含品牌、品名、型号、零部件型号、材质、成分构成。 ②纺织类货物必须提供:如100% COTTON,(60% COTTON & 40% POLYESTER),尺寸、每盒的数量、价值、单价、贸易条款等信息。 ③禁止电子烟及配件寄运
6	马来西亚	①商业发票;②原产地证明书;③海运提单;④植物和种子,必须附有卫生检疫证书	①不接受同一个箱子被使用于2个或以上的提单。 ②所有至马来西亚和在此中转的货物必须提供6位的HS编码(海关商品编码)
7	印度	①商业发票(3份),应声明:"兹确认,发票是真实正确";②原产地证明书;③海运提单;④货物清单;⑤卫生检验证明书,用于植物、植株、花的种子	①禁止接受电子烟及其配件寄运。 ②所有货物随货发票必须为正本原始发票。注明"INVOICE"不能写"Proforma Invoice"或是"Customs Invoice"
8	新加坡	①商业发票;②原产地证明书;③检验证明,用于大米、糖、氯化物、空调机、活动物类、植物和植物产品、兽类产品;④对烈性酒和威士忌,要求有原产地的海关提供的证明书;⑤卫生检疫证明,用于橡胶植物、棉花植物、籽棉和皮棉、甘蔗植物、可可种、各种棕榈、咖啡植物以及香蕉苗、在动物原产地熔炼的油脂这类油脂生产的产品	①禁止接受寄递电子烟及其配件。 ②所有货物随货发票必须为正本原始发票

续上表

序号	国家或地区	清关单证	清关要求
9	泰国	①商业发票；②海关发票；③从东盟其他国家进口时需原产地证明书	①禁运电子烟产品、私人按摩器、机顶盒＆无人驾驶飞机以及色情用品。②收件方为私人的货件：发货方必须正确申报寄运货物的数量、详细申报货物的品名描述信息、如实申报寄运货物的价值。③如寄运产品为手机，收件人需要提供进口许可证协助清关。④进口到泰国的化妆品，均需收件人提供进口许可证处理进口清关
10	印度尼西亚	①商业发票；②原产地证明书；③海运提单；④植物卫生检验证，用于活体植物和植物材料；⑤兽医证书，用于动物（单蹄动物、反刍动物和猪）；⑥检验证书，用于输血仪器；⑦卫生证书，用于食品、饮料；⑧涉外公证书，用于代理合同	①成衣服饰类产品，其价值若达到或者超过250美元，随货需要提供原产地提供的相关鉴定证书。②化妆品进口货值超过1500美元，或者电子产品数量超过2件，收件人须持有检验合格证书。③皮革类货物，随货均需要提供正本原产地证明以及卫生证明

（二）欧洲

欧洲主要国家或组织正式清关要求如表1-9所示。

欧洲主要国家或组织正式清关要求　　　　表1-9

序号	国家或组织	清关单证	清关要求
1	欧盟	①商业发票；②原产地证明书；③优惠转运单据；④欧盟外部转运单据；⑤货物流转证明	①商业发票随货发票必须注明：收件方是公司需提供公司注册号；如为个人：当地人提供个人身证号、外国人提供护照号。②进口的布样或纺织品及手表，除了价值在235美元或相同价值以下，或不是返销只是样品的不必提供原产地证明外，其他需提供原产地相关资料
2	英国	①发票；②箱单；③合同；④提单；⑤普惠制产地证 FORM A	①强制性要求电子、机械类产品出口英国需要欧洲统一（CE）认证。②喷雾剂、钻石等产品无法出口到英国（进口禁令）。③危险品要提供备案书和危包证，一般化工品需要非危证明
3	俄罗斯	①商业发票；②原产地证明书；③安全检验证书；④兽医证明；⑤卫生检疫证明；⑥合同；⑦装箱单；⑧运输单据	①安全检验证书，用于儿童用品、食品、与食品相关的商品、日用化学品、化妆品、香料、家用电器、农药、化肥、石油产品、运输工具、狩猎及体育用枪支、家具等。②兽医证明，用于动物、动物制品、来自动物的初级产品（包括生毛）及饲料等。③卫生检疫证明，用于农业以及观赏和造林的种子和植物种子、农林业产品

(三)南北美洲

南北美洲主要国家正式清关要求如表1-10所示。

南北美洲主要国家正式清关要求　　　　　　　　表 1-10

序号	国家	清关单证	清关要求
1	美国	①提单；②商业发票；③装箱单；④原产地标签	①重量限制：一票一件计费重超 300kg；一票多件其中一件或以上计费重超 300kg，整票不接受寄运。 ②所有亚太地区"注射化妆品"（"INJECTABLE COSMETICS"）禁止进口到美国。 ③所有快递件均不接受 P.O.BOX 地址（邮政信箱地址）
2	加拿大	①提单②海关发票；③商业发票 ；④原产地证明	①提单须显示明确详细的货物描述,不能是"FOODSTUFF"等笼统品名。 ②凡涉及医疗/保健/婴儿用品/食品/化妆品等的产品，都是需要加拿大食品检验局（CFIA）或加拿大卫生部（HEALTH CANADA）许可。 ③原木/实木制品，需要做熏蒸才能清关
3	巴西	①商业发票；②提单；③原产地证明	①同一样品数量超过 2 件，只能寄给公司，不能寄给个人，而且须按正式清关进口。 ②货物的价值高于 3000 美元，需要按正式清关进口，并且运单及发票上均需要注明"FORMAL IMPORT"字样
4	阿根廷	①商业发票；②提单；③原产地证明；④装箱单	①所有货物随货发票必须为正本原始发票。 ②只接受正本提单清关

(四)非洲

非洲主要国家正式清关要求如表1-11所示。

非洲主要国家正式清关要求　　　　　　　　表 1-11

序号	国家	清关单证	清关要求
1	南非	①商业发票；②原产地证明书；③卫生和动植物检疫证书；④钢铁和半成品，需 1 份成分分析证书；⑤杀虫剂、化学肥、饲料、农药和备用药品、麻醉药品和成药，应在南非注册；⑥其他在限制表格栏目内的商品，需办理 DA59 原产地证明书	①所有包裹快件（包括免关税产品）都要在发票上正确报价。 ②所有包裹都要使用机打的商业发票，禁止形式发票，禁止手写发票。且必须使用英语，正确描述快件中所有物品，注明每种物品的 HS 编码。 ③所有样品包裹，都需做剪损处理以防商业获利
2	尼日利亚	①海关发票；②尼日利亚货物跟踪单或进口清单；③提单原件；④装箱单	①重量限制：单票和单件都不能超过 70kg 且不接受纺织品。 ②必须随货提供详细的商业发票:每项商品的 HS 编码、数量、单价、总价,申报价值的币种必须是美元或欧元

续上表

序号	国家	清关单证	清关要求
3	埃及	①商业发票;②原产地证明书;③提单	①所有货物随货发票必须为正本原始发票,并得到埃及领事馆法律上的认可。 ②提单应写明发货人的姓名、收货人的姓名和地址、指定的卸货港口和商品说明书、货物的一览表,提货单的编码一定要全部登记

(五)大洋洲

大洋洲主要国家正式清关要求如表 1-12 所示。

大洋洲主要国家正式清关要求 表 1-12

序号	国家	清关单证	清关要求
1	澳大利亚	①发票;②提单;③装箱单;④中澳 FTA(自贸协定)证书	①禁止电子烟及其配件。 ②货值超过 1000 澳元,需附全套的商业文件,包括发票、产品说明以及收货人授权清关的授权书。 ③原木制品需熏蒸
2	新西兰	①商业发票;②英文版装箱单;③提单	①非木质包装应申明,集装箱的木质结构及箱内的木质包装物和垫箱木料等必须经过检疫处理后方可入境。 ②私人物品需要提供证件复印件。 ③植物须有官方的卫生检疫证书

第三节 收寄验视

一、常见国家(地区)海关禁寄规定

【案例 1-2】

多件活体动物邮件进境被截获

2018 年 10 月济南海关通报,济南海关驻邮局办事处连续从来自德国、意大利、西班牙、匈牙利等国家进境邮件中截获多批禁止进境物。其中有活体蜘蛛、蜈蚣、仙人掌、多肉植物等,其中蜘蛛、蜈蚣为海关国际邮件监管现场业务融合后首次查到的活体动物。寄/收件人均未向海关申报,且不能提供相关证明,海关依法对上述物品进行截留,并实施销毁、检疫处理等措施。

1. 美国海关禁寄规定

(1)药品。

麻醉制品、镇定剂、安眠药、兴奋剂、抗抑郁剂、抗癫痫药、中药、中成药以及其他易导致药物滥用的药品,被禁止入境。

(2)货币和难以估价的有价证券。

提货单、核销单、护照、配额证、许可证、执照、私人证件、汇票、发票、本国或外国现金。

(3)部分印刷品、录音录像制品。

对美国政治、经济、文化、道德有害的印刷品、胶卷、照片、唱片、影片、录音带、录像带、激光视盘、计算机存储介质及其他物品。

(4)部分动物、植物。

带有危险性病菌、害虫及其他有害生物的动物、植物、土壤;活体动植物及其制品、植物种子;鸡肉牛肉等肉类制品。

(5)妨害公共卫生的物品。

如尸骨、动物器官、肢体、未经硝制的兽皮、未经药制的兽骨等。

(6)传播疾病的物品。

有碍人畜健康的、来自疫区的以及其他能传播疾病的食品、药品或其他物品。

(7)国家法律、法规、行政规章明令禁止流通、寄递或进出境的物品。

如国家秘密文件和资料、国家货币及伪造的货币和有价证券、仿真武器、管制刀具、机动车零配件、珍贵文物、濒危野生动物及其制品等。

其他物品,如种子、原木制品、液态奶、宠物口粮、汽车及机动车零配件、不锈钢、烟草、象牙制品等。

【案例1-3】

违法寄递活动物被没收

2021年5月,美国洛杉矶联邦官员宣布查获了通过航空快递进口的违禁产品。美国海关和边境保护局在检查一批从马来西亚运抵的申报为"耳机"的空运包裹时,发现了26个小瓶,里面藏着活蜈蚣,并且快件缺乏所需的官方许可或证书。官员称,非法进口动植物产品可能带来外国病虫害,威胁到美国重要的农业产业。美国海关和边境保护局将活蜈蚣没收并送交美国鱼类和野生动物管理局进行调查和最终处理。

2. 日本海关禁寄规定

（1）宝石及贵金属。

珍珠、宝石、金银、古玩等。

（2）日用品及化妆品类。

化妆品、面膜、牙膏、文身器材、消毒液、清洁剂等。

（3）食品及保健品。

巧克力、肉制品与跟动物相关的产品、咖啡、紫菜、普洱茶、红茶等。

（4）医药及医疗器械。

如按摩机、眼镜、鸦片等。

（5）矿产化工品。

如石棉、土壤、岩石等。

（6）其他物品。

如电子烟、猥亵杂志、猥亵 DVD、儿童色情刊物、假冒伪劣产品、牙科保健用品、机油、水果、蔬菜、遗体等。

【案例 1-4】

从中国进口畜产品被捕

2022 年 3 月,日本大阪府警察署逮捕了 3 名在日中国人。原因是 2021 年 5—6 月,他们利用 EMS 前后共计 6 次从中国进口了猪肉香肠等各种加工熟食品,食品重量达到了 400 公斤。而猪肉香肠是被禁止入境日本的,涉嫌违反了日本的《家畜传染病预防法》。

3. 俄罗斯海关禁寄规定

（1）濒临灭绝的动物。

濒临灭绝的哺乳类、鸟类、爬虫类、鱼类、昆虫以及这些动物的皮、毛、羽毛、骨制品等。

（2）植物及植物产品。

被感染的植物、植物产品以及土壤,包括活的带根植物及其带土的根部;植物病害的活病原体,对植物有害的真菌、微生物、病毒、昆虫。

（3）食品类。

牛奶和奶制品、爆米花和生干果;包括生花生米和栗子、蛋和蛋制品、新鲜水果及蔬菜、肉类和所有猪肉制品、鹿角、天鹅绒、燕窝。

（4）无线电发射或接收装置。

严禁寄递无线电话、无线电台、无线电导航系统、无线电测定器、有线电视系统和其他设备。

（5）不良印刷品及影像物品。

严禁寄递对俄罗斯政治、经济利益、国家安全、社会秩序、公民身体健康、道德有害的印刷品、胶卷、照片、影片、录像带、光盘、手稿、唱片和其他形式的录音、图画和造型物品。

（6）特殊药品类。

严禁寄递各类麻醉品、精神药物入境俄罗斯,禁止进入俄罗斯的我国国产药包括消咳宁片、麻黄碱片、砒素、克咳胶囊、风湿马钱片、止嗽立效丸、复方罗布麻片、氯硝西泮片等。

（7）中药材。

俄罗斯海关严格禁止寄递的中药药材:燕窝、地龙、虎骨、冬虫夏草、当归、吴子、保济丸、保婴丹、大活络丸和鲍片等。

4.澳大利亚海关禁寄规定

（1）动植物及其产品。

所有动物种类的,包括新鲜肉、干肉、冷冻肉、熟肉、烟熏肉、咸肉、腌制肉或者包装肉。

活的动植物类,动物类像鸟、鱼、爬行动物及昆虫是不允许入境的;植物类,如盆种/裸根的植物,竹、盆景、根、茎和其他能成活的植物材料和泥土。

（2）部分药品。

中药材包括鹿角、鹿茸、鹿茸精、鹿鞭、阿胶、燕窝、冬虫夏草、灵芝、蛤蟆油脂、任何种类干制的动物躯体、紫河车、鸭肠、鸭胃、蹄筋、甲鱼和牛尾等。

部分西药和中成药,含有吗啡、罂粟碱、那可汀、古柯碱(俗称可卡因)、麻黄碱或伪麻黄碱、士的宁(吲哚生物碱)等的西药或中成药禁止携带入境。

（3）假冒伪劣产品。

禁止携带假冒伪劣产品进入澳大利亚,包括高仿的鞋子、衣服、帽子、首饰等,以及盗版的书籍、光盘、电子产品等。

其他包括陶瓷类物品、骨灰、烟草、儿童色情制品、涉及恐怖主义的物品、文化遗产物品、钻石等。

【案例 1-5】

违法走私烟草最高获 10 年监禁

自 2019 年 7 月起所有烟草制品,包括香烟、糖蜜香烟、散叶烟草被澳大利亚海关视为"禁止进口",无论是从外国供应商订货、网购还是私人发货进入澳洲的任何烟草产品,都需要事先获得澳大利亚内政部颁发的许可证。

如果入境包裹中发现没有获得许可证的烟草将会被扣押,并调查境内的收件人,走私烟草进口澳大利亚的最高刑罚为 10 年监禁。

5. 中国台湾海关禁寄规定

(1)部分宝石及贵金属。

主要包括翡翠、玉石、珠宝及珠宝首饰、金刚石片、金条、银、钻戒等。

(2)动植物及其产品。

大部分动植物及其产品,包括虎及虎骨、象牙及象牙制品、鲸及鲸制品、鸡及鸡制品、龟壳及龟壳制品、鹿及鹿制品、精制植物油、牛及牛制品、茶叶、甘蔗、各类植物种子等。

(3)废旧物资。

如旧衣物、二手手机等。

(4)货币。

包括黄金铸币及其他铸币、流通现钞等。

(5)日化及日常用品类。

虎骨膏、保健磁石、发热贴/发热药膏、冰枕、熏香、防护服、口罩等。

(6)食品及保健品。

枸杞、烘制麦芽、咖喱(粉、酱)、口香糖、矿泉水、茶叶、冷鲜奶等。

(7)医药和医疗设备。

药品、药用纱布、血浆、清凉油、钙片、中药及药材、膏药、消炎药、感冒药、测温计、隐形眼镜及护理液、呼吸机、医疗器材、医用一次性注射器、急救设备等。

(8)电池。

锂电池、干电池、充电宝、镍镉电池、水果电池等。

其他物品,如录像机、摩托车配件、行车记录仪等。

另外寄往中东国家(地区)和印度的快件,禁止含有液体、粉末的物品以及化工产品、食品(尤其是肉制品)、药品等。

二、特殊禁寄物品

主要国家特殊禁寄物品及相关规范,如表 1-13 所示。

主要国家特殊禁寄物品及相关规范　　　　　　　　表 1-13

国家	特殊禁寄物品及相关规范
日本	1.药品类、食品类、食品相关容器、餐具厨具、卫浴、卫生产品、植物制品等大批量的公司业务,需收件人在目的地申领进口资质/进口许可证; 2.WINDOWS XP 系列标识的标签、贴纸、光盘、软件说明书等,因微软公司停止更新服务而暂停使用,如发现需退回原寄地
新加坡	口香糖、水烟(烟草类的一种)、电子香烟(包括零配件和部件)及类似产品
韩国	来自朝鲜的宣传品及物品
马来西亚	1.类似注射器的钢笔、铅笔等笔类物品; 2.印有《古兰经》相关内容的布类、服装类物品
美国	1.太阳镜(如客户能够提供"滴珠证明"文件,可安排正常收寄)、眼镜、镜片和镜架、放大眼镜; 2.生物标本; 3.按摩器; 4.护照; 5.驾驶执照; 6."食品类"物品,须提前登录美国食品和药物管理局(FDA)官方网站填写"Prior Notice"(提前通报)申报表
越南	1.所有旧的、使用过的物品不可收寄; 2.对于报刊、书籍、图片、宣传品、音像制品、计算机磁盘、光盘、纺织品类(布料/衣服)、食品类/涉及食品安全,越南海关要求进行检验并产生检测费用
澳大利亚	1.家具(木制)/工艺品及木材、竹制品和植物制成的产品,木箱包装也属禁寄; 2.寄自厄立特里亚、伊朗、朝鲜、利比亚的物品,收寄前须得到澳大利亚外交部的许可
柬埔寨	扑克牌、音像制品(未经影视审查委员会及检察署批准进口的)
印度尼西亚	1.食物、饮料、含酒精饮料,也包括生产该类产品的原料; 2.特定的电信设备及仪器;电台设备,无绳电话及相关设备;无产品认证和市场许可的通信设备
俄罗斯	渔网、捕鱼装置,宣传纳粹主义的文章、徽章或与其相关的文章
印度	旧衣服、已被使用或翻新的电子家电/电气设备
墨西哥	任何形式的食物、能量饮品、牙膏、气球、木制品、蜡制品、鞋类、医疗设备、人形类玩具公仔(仅当收件人获得墨西哥卫生部的卫生通知书方可进口)
加拿大	所有类型的仿冒商品;非清真食品如猪肉、火腿;商品原产国为缅甸、朝鲜、也门、索马里时受限
巴西	易腐货物(如食品和材料)、损坏的物品或需要维修的物品、自动化发动机

三、国际快件安全检查

(一) X 光安检仪成像规律

安检仪成像规律可以用四句话来概括,即角度决定形状,距离决定大小,亮度显示密度,色彩表示成分。具体含义解释:

1. 角度决定形状

角度指被检物在安检仪中的摆放角度;形状指被检物在图像中所显示的形状(如图 1-13 所示)。进行安检时,应将被检物平放在安检仪传送带上,这样摆放的角度最好,X 射线能垂直穿透,便于识别、辨别。

被检物	钢球	硬币	钢棒	手枪	子弹
水平图像(侧视)	●	▬	●	▬	●
垂直图像(顶视)	●	●	▮	🔫	◤

图 1-13　不同角度下被检物在图像中所显示的形状

2. 距离决定大小

距离指被检物与放射源之间的距离,大小指同一被检物呈现图像的形状大小变化。被检物离放射源越近,图像就越大,反之则会越小。

3. 亮度显示密度

不同密度的物质在图像中会有不同的显示:密度大的物质,吸收的 X 射线量多,影像暗;密度小的物质,吸收的 X 射线量少,影像亮(如图 1-14 所示)。据此原理,无机物(如枪支、管制刀具等金属物质)密度大,在屏幕上显示出暗(黑色)影像;有机物(含有 C、H、O、N 元素的,如炸药)密度小,在屏幕上显示出亮(白色)影像。

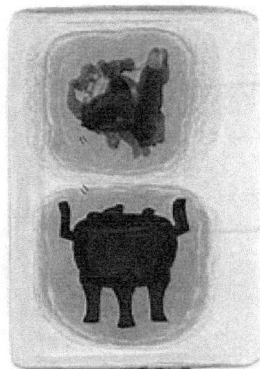

图 1-14　高低密度物质 X 射线成像对比图

4. 颜色表示成分

(1)有机物颜色为深浅不同的橙色或黄色(如图 1-15 所示),如炸药、各类药品、塑料、纸张、布料、木材、水等。

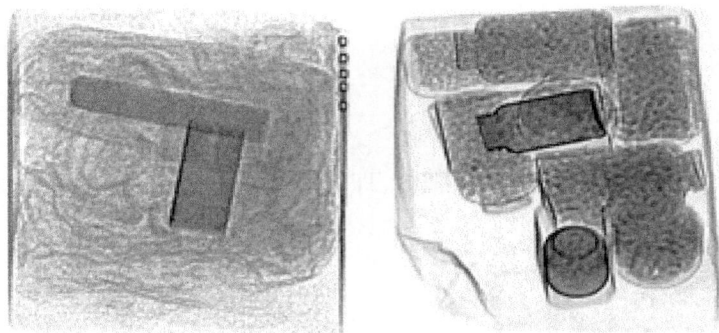

图 1-15　有机物 X 射线成像对比图

（2）无机物颜色为深浅不同的蓝色（如图 1-16 所示），如金属、枪支、匕首、管制刀具、雷管等。高密度物质，显示为黑色或红色，如铅等。

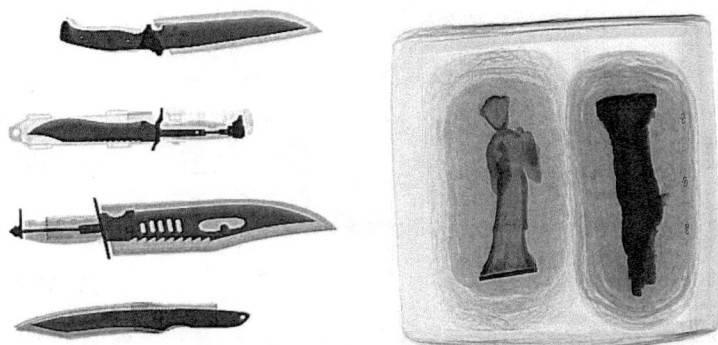

图 1-16　无机物 X 射线成像对比图

（3）混合物颜色通常为绿色（如图 1-17 所示），如铝、硅等。但如油漆、涂料等物质，颜色显示为暗红色。

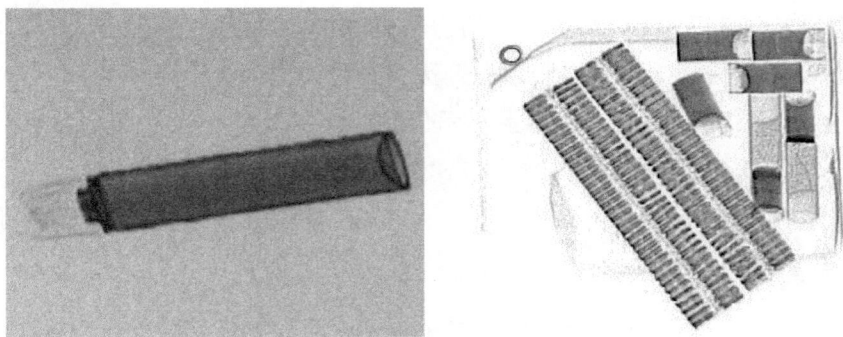

图 1-17　混合物 X 射线成像对比图

(二)X 光安检仪成像基本知识

(1)X 射线是一种电磁波,它的波长比可见光的波长短,穿透力强。

(2)获得较好图像的方法。

①卧式 X 射线机物品立放,立式 X 射线机物品平放,显示的图像较佳。

②在卧式 X 射线机中,物体离 X 射线源越近,X 射线图像显示比例越大。

(三)快件材质 X 光机成像总结

1.手机、平板电脑电子设备类

电子设备类物品在 X 光机的成像为蓝色与绿色,并能清楚看见设备线路板;锂电池在 X 光机下成像为蓝色(如图 1-18 所示)。

图 1-18　电子设备类 X 射线成像图

2.衣服、布料类

衣服、布料类物品在 X 光机的成像为浅黄色,成像里较深色线条部分为金属拉链以及饰品(如图 1-19 所示)。

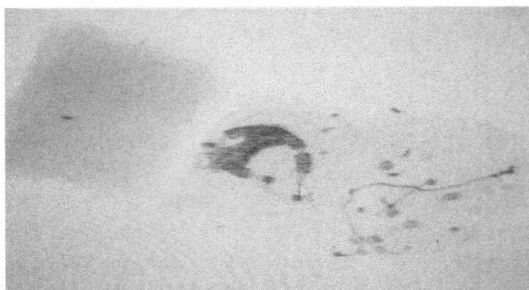

图 1-19　衣服、布料类 X 射线成像图

3. 手提包类

手提包类 X 光机成像如图 1-20 所示。

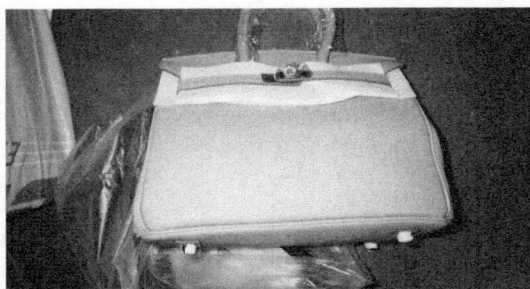

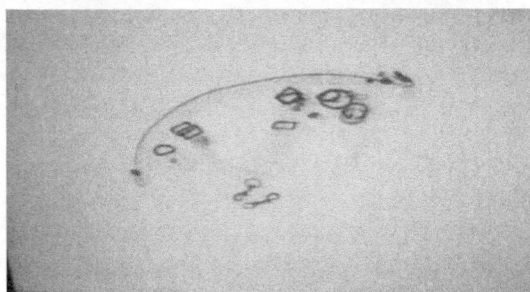

图 1-20　手提包 X 射线成像图

4. 模具、金属类

X光较难穿透金属类产品,其成像为深黑色(如图1-21所示),并且货物较重。

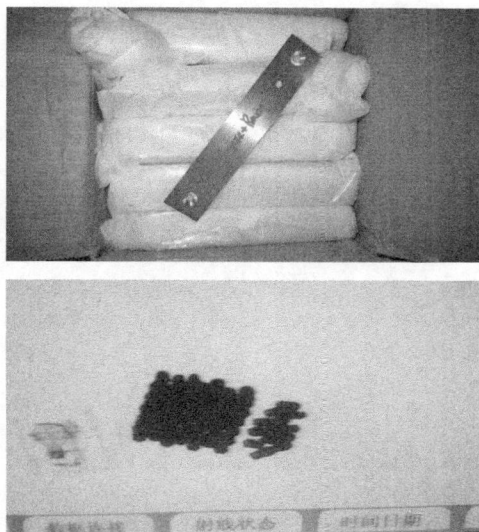

图1-21 模具、金属类X射线成像图

5. 假发类

假发类物品在X光机下成像为浅黄色,并且影像为不规则线条(如图1-22所示)。

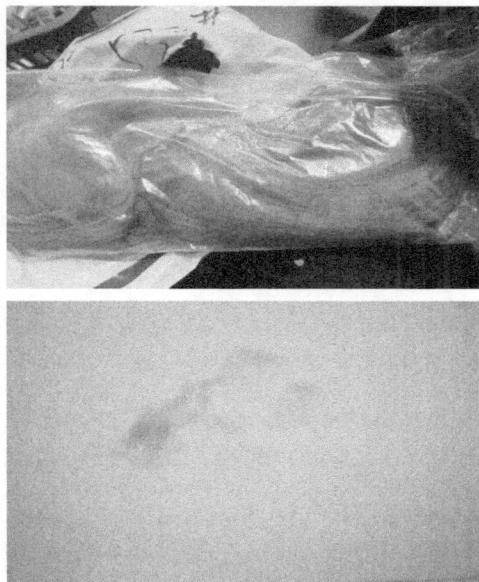

图1-22 假发类X射线成像图

6. 线材、连接线类

线材、连接线类物品在 X 光机下成像不规则，在含金属部分体现的颜色较深，并且能看出线材的成像（如图 1-23 所示）。

7. 陶瓷类

陶瓷类物品在 X 光机的成像为绿色，能清晰辨认陶瓷轮廓（如图 1-24 所示）。

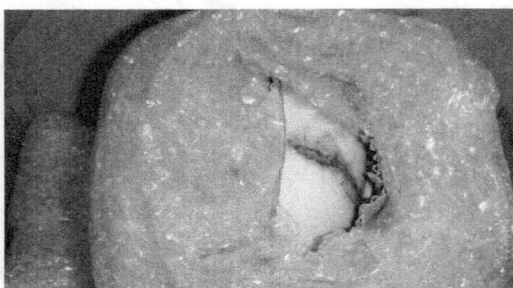

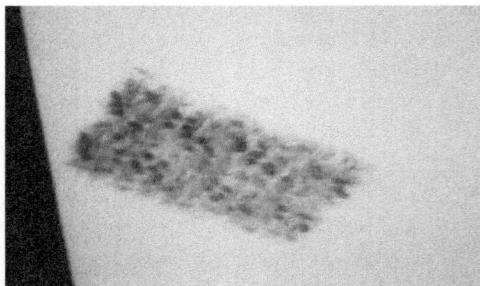

图 1-23　线材类 X 射线成像图　　　　图 1-24　陶瓷类物品 X 射线成像图

（四）安检机对违禁物品的识别

1. 枪支识别

枪支是恐怖分子使用最多的一种破坏工具，危害性最大，使用安检机很容易发现快件中的枪支。钢铁在安检机监视器或显示器上一般呈深蓝色和红色，而枪支大多是由钢铁构成，枪支在安检机图像上会显示清晰的枪体轮廓，安检人员极易辨认。而仿真枪多用铝合金制成，金属密度没有真枪大，枪管的构造也与真枪不同。仿真枪枪管内有一个堵头，所以安检机图像并不完全呈深蓝色和红色，只在枪支的个别边缘地方有一些蓝色和红色。至于玩具手枪、塑料枪在监视器上则呈现绿色或橙色。这样从安检机图像的颜色和结构上就可区分真枪、仿真枪和玩具枪。

2.雷管识别

雷管包括火雷管、电雷管和延期雷管。一般引信体使用的雷管多为 8 号雷管。雷管内部装有起爆药和猛炸药,因起爆药不同,外壳便有铜的、铝的和纸的区分。雷管是爆炸物品的关键部件,在监视器上呈现明显的特征,对雷管的识别要格外仔细认真。电雷管和火雷管的区分是,电雷管的一端有两根电线,一旦接上电源,即可引爆炸药。安检人员在工作中要格外注意发现有无电池、集成电路块。小遥控汽车、半导体收音机、收录机、钟表等都可藏匿电雷管。

3.管制刀具识别

管制刀具包括匕首、弹簧刀、自锁刀、少数民族工艺佩刀,及时发现各种隐匿的刀具是打击和防范各种破坏活动的前提和保证。刀在没有伪装的情况下,极易被安检机发现。刀在监视器上有明显的形状和轮廓,颜色多为深蓝色和绿色。此外,还要特别注意刀放置的角度,以免漏检。

4.爆炸物识别

爆炸物主要由炸药和引信体组成,发现爆炸物的引信体很容易。炸药多为有机物,有机物在安检机上显示为橘黄色,根据炸药的种类、密度和数量呈现由浅到深的橘黄色。有些炸药有特定的形状和结构,如块状 TNT、简装硝铵炸药等,都是较容易发现的。

5.毒物毒品识别

毒物毒品指氰化钾、氢氰酸、砒霜、海洛因、大麻、鸦片等,这些都对人、畜、植物有不同程度的伤害。海洛因在安检机的监视器上多呈现出特有的橘红色。海洛因呈白色粉末状,常压成规则的白块形状,根据海洛因多少,在安检机监视器上呈现的橘黄色深浅不一。

四、验视异常处置

各快递网点、中转站实行安全责任制,客户寄快递时要出示身份证且实名,快递员落实验视制度,按照"谁收寄,谁负责"的原则,建立健全收寄验视工作责任制。并且相关网点同时负有对管理人员管理疏忽、执行不严、落实不到位情况的监督管理责任。

1.寄递违禁物品

在寄递过程中,若发现禁寄物品时,或寄件人交寄的包裹使用的封装材料、填充材料属于禁寄物品,或在封装材料、填充材料中夹带禁寄物品的,向寄件人告知禁寄、限寄物品有关规定,不予收寄,并上报国家安全部门和邮政管理部门。采取从源头抓起,中转过程监察,末端检举的方式,做到严格把关,不留漏洞,杜绝危险物品通过寄递渠道流通。

2. 寄递安全性不确定的物品

在寄递验视过程中,若发现疑似禁寄物品或不能当场确定安全性的物品时,应当要求寄件人出具相关专业机构或有关部门开具的安全证明,在确保邮寄的物品不属于禁寄物品范畴后,才可以按照正常快件进入收寄流程。

3. 寄件人拒绝当面验视的

在寄递过程中,若快件交寄时已经封装的,寄件人应当主动拆开封装,接受快递企业的验视。若存在寄件人不配合快递员拆验包裹的,快递企业可不予收寄。

第四节 快件封装与计费

一、液体、锂电池等物品的包装

(一)液体物品的封装

1. 检查销售包装的质量及可靠性

商品在销售包装内不可晃动;商品之间应有安全隔断;商品与销售包装之间应填充有安全缓冲材料。

(1)对商品在销售包装内未进行固定、缓冲保护的,内装多个商品且商品间未做安全隔断防护的,应重新进行封装处理。

(2)对不允许对销售包装内件商品进行封装保护处理、仅依靠在销售包装外做防护处理又无法保证在常态寄递条件下安全寄递的商品,应拒绝受理其寄递要求。

2. 覆裹内件

对无销售包装或销售包装不安全的,应按照其裸件或商品销售包装单个规格,截取相当于密封包装内液体体积1.2倍体积的吸附棉,覆裹内件;选取或现场制作缓冲气囊覆裹内件。覆裹时,应使用厚度3cm以下小气囊覆裹1层及1层以上,再使用厚度3cm以上大气囊覆裹内件四侧及上、下六面,形成茧状覆裹件。

3. 密封处理

对已覆裹的密封包装不易碎、内件呈液体物品,应按其规格,选取适宜尺寸的防泄露塑封袋,进行密封处理。

4. 封合

使用宽 4cm 以上聚丙烯或聚乙烯胶带,压盖茧状覆裹件以及经过密封处理的茧状覆裹件,进行封合。

5. 填充外包装箱

按照茧状覆裹件成茧规格或商品销售包装规格,选取尺寸、强度适宜的 5 层及 5 层以上的瓦楞纸箱作为外包装箱;选取或现场制作厚度 3cm 以下缓冲气囊,严实填充。

6. 封合外包装箱

使用宽 4cm 以上聚丙烯或聚乙烯胶带,封合外包装箱;粘贴运单。

(二) 密封包装易碎、内件呈液体物品的封装

(1)检查销售包装的质量及可靠性。
(2)覆裹内件,与液体物品的覆裹内件封装处理相同。
(3)密封处理。
(4)封合。
(5)外包装箱内壁封栏,按照茧状覆裹件成茧规格或商品销售包装规格,选取尺寸、强度适宜的 5 层及 5 层以上的瓦楞纸箱为外包装箱;截取 1.5cm 及以上厚度蜂窝纸板或 EPS 板,对外包装箱进行封栏处理。截取蜂窝纸板或 EPS 板时,可多层黏合。对外包装箱内置多个待封装物、外包装箱体积较大的,待封装物间(包括商品的底部和顶部)应使用 1cm 及以上厚度的瓦楞纸板或 EPS 板交叉竖立在箱内,将箱内空间分割成一层或多层若干个(视内装商品数量而定)网格状空间,再将待封装物置入。
(6)填充外包装箱,选取或现场制作厚度 3cm 及以上缓冲气囊,严实填充。
(7)封合外包装箱。

(三) 锂电池物品的封装

锂电池具有高能量密度、高电压等优点,广泛应用于水力、火力、风力和太阳能电站等储能电源系统,以及电动工具、电动自行车、电动摩托车、电动汽车、军事装备、航空航天等多个方面(如图 1-25 所示)。锂电池对推动能源绿色转型,实现碳达峰、碳中和有重要意

义。我国是锂电池的生产和出口大国,但锂电池属于危险货物,在运输时可能会发生起火、冒烟及爆炸等事故,其运输安全必须得到重视。

图 1-25　锂电池的应用

【案例 1-6】

锂电池爆炸导致飞机坠毁

2010 年 9 月,一架美国联合包裹服务公司(UPS)的波音 747-400 型货机在迪拜机场起飞后不久坠毁,经调查,事故源头为机上搭载的 81000 颗锂电池爆炸,引发货舱起火导致飞机控失效坠毁,两名机组人员丧生。

1. 锂电池分类

常规的锂电池主要有 3 种类型,包括锂金属电池、锂离子电池、同时含有锂金属原电芯和锂离子电芯的电池。联合国《关于危险货物运输的建议书规章范本》(TDG)中锂电池运输分类体系的分类如表 1-14 所示。

锂电池分类　　　　　　　　　　　　　　表 1-14

UN 编号	正确运输名称	危险种类
3480	锂离子电池组(包括锂离子聚合物电池)	9
3481	装在设备中的锂离子电池组(包括锂离子聚合物电池)	9
3481	与设备打包在一起的锂离子电池组(包括锂离子聚合物电池)	9
3090	锂金属电池组(包含锂合金电池)	9
3091	装在设备中的锂金属电池组(包含锂合金电池)	9
3091	与设备打包在一起的锂金属电池组(包含锂合金电池)	9

UN 编号	正确运输名称	危险种类
3171	电池供电车辆	9
3536	装在货运装置中的锂电池组	9

2. 锂电池的包装

依据《关于危险货物运输的建议书规章范本》（TDG），锂电池主要有以下包装运输要求：

（1）锂电池应单独包装于完全封闭的内包装，如吸塑包装或者纸板，以确保每个电池都能得到保护，安装在设备中的锂电池除外（如图 1-26 所示）。

图 1-26　锂电池包装

（2）锂电池作为危险货物，运输时须使用符合Ⅱ类危险货物包装要求的包装，符合豁免条件的除外。

（3）包装上需要张贴规定的锂电池标签和标记，锂离子电池外壳需要标注瓦·小时（W·h）数值（如图 1-27 所示）。

a)锂电池9类危险品标签　　　b)新版锂电池标签　　　c)仅限货机运输标签

图 1-27　锂电池标签

注：2019 年 1 月 1 日起必须使用新版锂电池标签和锂电池 9 类危险品标签，旧的锂电池操作标签作废。

(4)锂电池快件应装入坚固的包装箱内或安装在设备中。

电池芯和电池必须放置于可将其完全封闭的内包装中,再放入坚固硬质外包装(如图1-28所示),每个包装件必须能承受任意方向1.2m的跌落试验。

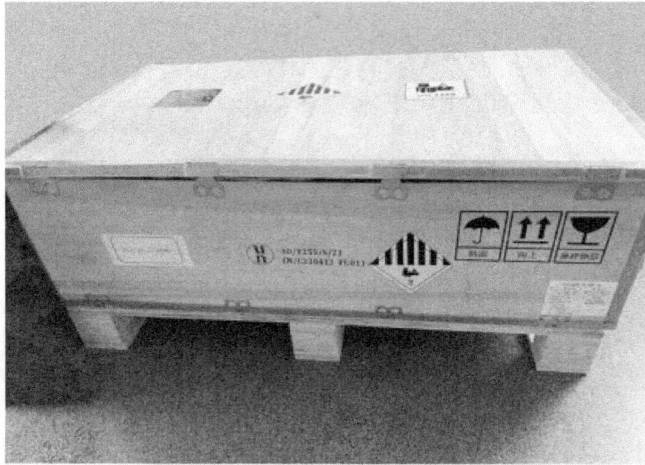

图1-28 锂电池外包装

(5)电池应当有防短路装置,以及防止意外启动措施,产品应固定在包装内,以免因电池移动而导致短路。

3.锂电池包装形式

不同类型的锂电池,在包装时要采用不同的形式,锂电池包装有以下三种形式:

(1)软包。软包即铝塑复合膜包装,这种形式锂电池的聚合物材料可以做成任意形状。

(2)铝壳包装。铝壳包装一般适用于大容量锂电池,损坏时存在燃烧可能,但是基本不存在爆炸可能。

(3)钢壳包装。锂电池包装早期使用的基本都是钢壳,但是后来因为重量性能等原因曾被铝塑膜和铝壳替代。随着技术的进步,大容量电池钢质材料的物理稳定性、抗压力远远高于铝壳材质,在设计结构优化后,安全装置放置在电池芯内部,钢壳柱式电池的安全性已经达到了一个新的高度。

4.空运锂电池要求

安装在设备中的锂电池(UN3481)和安装在设备中的锂金属电池(UN3091)可以进行航空运输,其他锂电池作为危险品不允许作为快件进行航空运输,只能走陆运。具体要求为：

(1)必须安装在设备中。

(2)锂离子电池芯的瓦时额定值不超过 20W·h。

(3)锂离子电池的瓦时额定值不超过 100W·h。

(4)锂金属电池芯的锂含量不超过 1g。

(5)锂金属或锂合金电池的合计锂含量不超过 2g。

(6)每个锂电池芯或锂电池的所属类型需满足 UN38.3(《联合国危险物品运输试验和标准手册》的第 3 部分 38.3 款)试验要求,主要包括高度模拟、高低温循环试验、振动试验、冲击试验、55℃外短路、撞击试验/挤压试验、过充电试验、强制放电试验等,以确保锂电池运输安全。

(7)单个包装件内不能超过 4 个锂电池芯或 2 个锂电池,单个包装内的锂电池芯或锂电池净重不得超过 5kg。

(8)必须做好防短路措施。

应采取措施保护电池芯和电池防止发生短路;必须采取防意外启动措施;被制造商识别为存在安全缺陷或已经损坏,有可能产生危险放热、着火或短路的电池芯和电池禁止空运;废旧锂电池和回收或销毁的锂电池禁止空运(除非始发国和经营人所在国主管当局批准)。

5. 锂电池快件运输单证

锂电池快件出口报关,除提供通常情况下需提供的报关单、装箱单、发票、报关委托书、销售合同、申报要素等外,还应提供以下单证:

(1)化学品安全技术说明书。

即 MSDS (Material Safety Data Sheet),亦可译为化学品安全说明书或化学品安全数据说明书。MSDS 是用来阐明化学品的理化特性以及对使用者的健康可能产生的危害的一份文件,主要作用是证明该产品的安全性。

(2)锂电池危包证。

通常所说的"危包证"就是《出入境货物包装性能检验结果单》和《出境危险货物运输包装使用鉴定结果单》(如图 1-29 所示),即性能证和使用证。

性能证一般由提供包装的正规厂家出具;使用证需要携带用性能证去生产危险品工厂的当地商检局申请,在商检局对产品进行检验后,予以颁发。锂电池危包证还含有包装技术说明书。

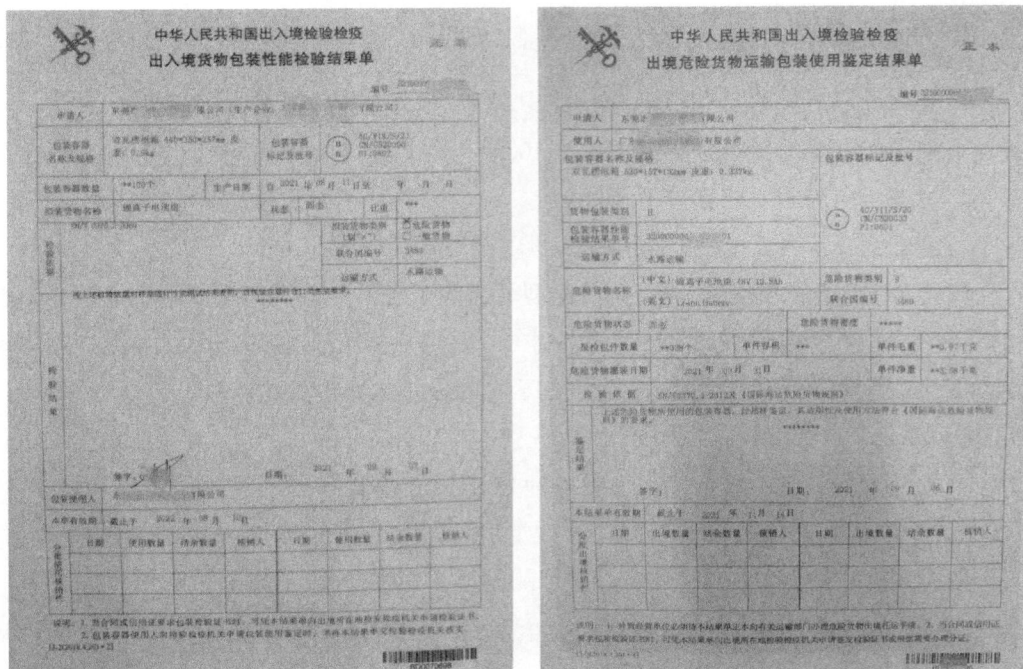

图 1-29　锂电池性能证和使用证

按照联合国《关于危险货物运输的建议书规章范本》的规定,需根据锂电池的容量来确定是否需要使用危险货物包装。需使用危险货物包装的锂电池为锂金属电池或锂合金电池,锂含量大于 1g,对于锂金属或锂合金电池组,合计锂含量大于 2g;锂离子电池,其瓦特·小时的额定值超过 20W·h,对于锂离子电池组,其瓦特·小时的额定值超过 100W·h。

(3)运输鉴定书。

空运鉴定全称为《航空运输条件鉴别报告书》,空运运输鉴定书是需要在电池持有 UN38.3 测试报告后才能申请。快件运输条件鉴定书是一份了解货物运输危险性的证明文件,该文件作用是证明货物运输的安全性。

(4)UN38.3 测试证书。

即根据联合国测试和标准手册 38.3 节,任何锂电池国际运输均需要通过该项测试,取得 UN38.3 测试证书,确保锂电池产品在运输途中的安全。

二、药品、生鲜等物品的包装

(一) 药品的包装

快递药品需要寄件人提交所在地省、自治区、直辖市人民政府药品监督管理部门出具的准予邮寄证明等文件。快递企业应当查验、收存准予邮寄证明;没有准予邮寄证明的,不得收寄。

寄递普通中成药或西药,需要带有药品的原包装;寄熬好的中药,需要用密封好的包装装好,最好是医院专用的代煎药包装密封性更好。快递员用泡沫袋或空气袋将药品牢牢包好放入大小适宜的包装箱中固定。

一般个人寄递的药品须有完整商业销售包装,药品无特殊要求(如温控等),购买药品的票据齐全(发票或药店开具的小票、收据)。企业寄递则需交寄药品具有完整商业销售包装,且企业需具备医疗药品类资质。

(二)生鲜物品的包装

寄递生鲜物品,必须用泡沫保温箱,里面要加冰袋,生鲜物品本身也要塑料袋套起来。箱体外面胶袋封口,最外面套防水袋胶袋固定。包装注意事项:

1.外包装以及胶带密封

外包装的胶带要贴牢固,以免受潮,上下左右边角部分胶带需密封,包装箱规格要求为5层瓦楞箱。同时在外包装醒目位置标识生鲜产品。打包的胶带粘贴规范化、美观化,严格执行打包样式要求,按照统一标准打包。

2.填充物

内部可以使用废报纸作为填充和防撞措施,废报纸在带血水的肉的包装破裂时,还可以起到吸收水分的作用,以防外包装不能够阻挡血水污染到其他快递件。但是从美观度出发使用碎纸条作为填充最为宜。

3.泡沫箱

泡沫箱尽量能使用配送袋重新包裹严实加胶带封边打包,如果使用胶带密封泡沫箱的话,建议使用透明保鲜袋加胶带十字打包的模式,成本低,美观度很好。一般泡沫箱与外箱尺寸,需要留有轻微的缓冲空间,建议泡沫箱尺寸与外箱之间存在前后左右0.1~0.3cm的空隙,方便客户取出泡沫箱。

4.冰袋

泡沫箱内使用保温袋效果最好,然后内部是产品加冰袋组合,到货取出冰袋已融化但还是啫喱状,实际效果会很好。如果使用冰冻矿泉水瓶做保鲜措施,就必须做好外部泡沫箱的密封。

所有生鲜肉类包装,都会有轻度血水及汁液外溢。在包装时要注意擦拭干净。

三、国际快件资费的计算

（一）国际快件收费项目

国际快件因涉及清关、检疫检验等操作，所以向客户收取的国际快件费用包括两大类：

1.快递企业应收取的费用

快递企业应收取的费用：包括快件资费、燃油附加费、包装费、偏远地区附加费、保价费等。

（1）资费是指快递企业向寄件人提供快递承运服务时，以快件的重量（或体积重量）为基础，向客户收取的承运费用。

（2）燃油附加费是快递企业收取的反映燃料价格变化的附加费。一般是随着国际油价的浮动而变化。

（3）包装费是快递企业向客户提供包装材料所收取的费用。

（4）偏远地区附加费是快递企业向客户收取的在偏远地区收寄或派送快件的费用，区别于资费之外的服务费用。

（5）保价费是快递企业在承运快件的过程中因向客户提供保价服务而收取的费用。

2.快递企业代收的费用

快递企业在清关时替客户垫付的费用：包括垫付关税、商检费、贴签费、保险费等，为了保证清关的时效，这些费用一般由快递企业替客户垫付然后再凭发票向客户收取。

（1）垫付关税是指国家授权海关对出入境的货物和包裹征收的一种税，按征税商品流向可以划分进口税、出口税和过境税。

（2）商检费是指快递企业代客户对货物进行检验、检疫等产生的费用。

（3）贴签费是指贴在快件上的海关防伪标签费，由海关按贴签的数量收费。

（4）保险费是保险公司在快递企业承运客户快件的过程中向客户收取的服务费用，以保障快件在出现约定损失后获得相应的赔偿。

（二）国际快件资费计算方式

在国际快递业务中，一般采用首重加续重的计算方法，资费计算公式为：资费＝首重价格＋（计费重量－首重）×单价。

由于国际业务涉及全球多个国家和地区，所以快递企业为了快递员能够更加迅速地计算国际快件的服务费,同时也可以让客户更加直观地了解寄递到各个国家的费用情况,快递企业大都采用分区收费的方法,按照各个国家的地理位置自行制定收费规则。由于各个企业分区方法各有所异,以下以各大洲部分国家分五区为例介绍分区收费方法。

国际快递一般根据寄达目的地国家的不同,制定不同的收费标准,快递企业先按国别分成不同的区域,然后将每一区域的资费计算好,做成表格的形式方便查询。

1. 全球区域划分

以某国际快递公司为例,如表 1-15 所示。

某国际快递公司业务区域表　　　　　　　　　　　　　表 1-15

区域名	服务国家和地区
1 区	马来西亚、泰国
2 区	菲律宾、新加坡
3 区	印度尼西亚
4 区	日本、韩国
5 区	美国、加拿大
6 区	奥地利、爱尔兰、比利时、瑞士、德国、丹麦、西班牙、芬兰、法国、英国、意大利、荷兰、挪威、希腊等
7 区	澳大利亚、新西兰
8 区	斐济、关岛、巴布亚新几内亚、所罗门群岛等
9 区	不丹、孟加拉国、缅甸、印度、老挝、柬埔寨、马尔代夫等
10 区	阿根廷、巴拿马、巴西、玻利维亚、古巴、墨西哥、秘鲁、智利、哥伦比亚、委内瑞拉等
11 区	叙利亚、土耳其、阿联酋、沙特阿拉伯、巴基斯坦、伊朗、埃及、吉布提、莫桑比克、南非、突尼斯、坦桑尼亚等
12 区	克罗地亚、捷克、匈牙利、俄罗斯、波兰、保加利亚、罗马尼亚、乌克兰等

2. 具体计算步骤

(1) 查找目的地国家所在区域。

(2) 查看所寄递快件是文件类还是包裹类。

(3) 根据快件的重量所在横行与该快件所在区域的竖列相交即为运费金额。

例:请查询到英国的 8kg 包裹类快件的运费价格。

步骤 1:首先在表 1-15 中查找英国所在的区域在 6 区。

步骤 2:确定该快件为包裹类快件。

步骤 3:然后确定表 1-16 中 8 kg 包裹所在横行与该表中 5 区所在列的数值。人民币 2394 元即为该快件的运费金额。

某国际快递业务区域收费计算表(单位:人民币元)　　　　　　表 1-16

重量(kg)		1 区	2 区	3 区	4 区	5 区	6 区	7 区	8 区	9 区
文件	0.5	160.00	226.00	212.00	234.00	333.00	361.00	381.00	472.00	669.00
	1.0	216.00	315.00	294.00	322.00	444.00	511.00	535.00	650.00	893.00
	1.5	272.00	404.00	376.00	410.00	555.00	661.00	689.00	828.00	1117.00
	2.0	328.00	493.00	458.00	498.00	666.00	811.00	843.00	1006.00	1341.00
包裹	0.5	264.00	373.00	337.00	400.00	401.00	409.00	525.00	673.00	1010.00
	1.0	322.00	457.00	426.00	488.00	527.00	544.00	662.00	850.00	1235.00
	1.5	380.00	541.00	515.00	575.00	653.00	679.00	799.00	1027.00	1460.00
	2.0	438.00	625.00	604.00	662.00	779.00	814.00	936.00	1204.00	1685.00
	2.5	496.00	710.00	693.00	751.00	905.00	948.00	1073.00	1381.00	1910.00
	3.0	552.00	795.00	774.00	836.00	1026.00	1080.00	1220.00	1558.00	2134.00
	3.5	608.00	880.00	855.00	921.00	1147.00	1212.00	1367.00	1735.00	2358.00
	4.0	664.00	965.00	936.00	1006.00	1268.00	1344.00	1514.00	1912.00	2582.00
	4.5	720.00	1050.00	1017.00	1091.00	1389.00	1476.00	1661.00	2089.00	2806.00
	5.0	776.00	1135.00	1098.00	1176.00	1510.00	1608.00	1808.00	2266.00	3030.00
	5.5	828.00	1216.00	1178.00	1262.00	1620.00	1739.00	1940.00	2425.00	3232.00
	6.0	880.00	1297.00	1258.00	1348.00	1730.00	1870.00	2072.00	2584.00	3434.00
	6.5	932.00	1378.00	1338.00	1434.00	1840.00	2001.00	2204.00	2743.00	3636.00
	7.0	984.00	1459.00	1418.00	1520.00	1950.00	2132.00	2336.00	2902.00	3838.00
	7.5	1036.00	1540.00	1498.00	1606.00	2060.00	2263.00	2468.00	3061.00	4040.00
	8.0	1088.00	1621.00	1578.00	1692.00	2170.00	2394.00	2600.00	3220.00	4242.00
	8.5	1140.00	1702.00	1658.00	1778.00	2280.00	2525.00	2732.00	3379.00	4444.00
	9.0	1192.00	1783.00	1738.00	1864.00	2390.00	2656.00	2864.00	3538.00	4646.00
	9.5	1244.00	1864.00	1818.00	1950.00	2500.00	2787.00	2996.00	3697.00	4848.00
	10.0	1296.00	1945.00	1898.00	2036.00	2610.00	2918.00	3128.00	3856.00	5050.00
	10.5	1339.00	2010.00	1974.00	2119.00	2712.00	3042.00	3244.00	3995.00	5235.00
	11.0	1382.00	2075.00	2050.00	2202.00	2814.00	3166.00	3360.00	4134.00	5420.00
	11.5	1425.00	2140.00	2126.00	2285.00	2916.00	3290.00	3476.00	4273.00	5605.00
	12.0	1468.00	2205.00	2202.00	2368.00	3018.00	3414.00	3592.00	4412.00	5790.00
	12.5	1511.00	2270.00	2278.00	2451.00	3120.00	3538.00	3708.00	4551.00	5975.00
	13.0	1554.00	2335.00	2354.00	2534.00	3222.00	3662.00	3824.00	4690.00	6160.00
	13.5	1597.00	2400.00	2430.00	2617.00	3324.00	3786.00	3940.00	4829.00	6345.00
	14.0	1640.00	2465.00	2506.00	2700.00	3426.00	3910.00	4056.00	4968.00	6530.00
	14.5	1683.00	2530.00	2582.00	2783.00	3528.00	4034.00	4172.00	5107.00	6715.00

续上表

重量(kg)		1 区	2 区	3 区	4 区	5 区	6 区	7 区	8 区	9 区
包裹	15.0	1726.00	2595.00	2658.00	2866.00	3630.00	4158.00	4288.00	5246.00	6900.00
	15.5	1769.00	2660.00	2734.00	2949.00	3732.00	4282.00	4404.00	5385.00	7085.00
	16.0	1812.00	2725.00	2810.00	3032.00	3834.00	4406.00	4520.00	5524.00	7270.00
	16.5	1855.00	2790.00	2886.00	3115.00	3935.00	4530.00	4636.00	5663.00	7455.00
	17.0	1898.00	2855.00	2962.00	3198.00	4033.00	4654.00	4752.00	5802.00	7640.00
	17.5	1941.00	2920.00	3038.00	3281.00	4140.00	4778.00	4868.00	5941.00	7825.00
	18.0	1984.00	2985.00	3114.00	3364.00	4242.00	4902.00	4984.00	6080.00	8010.00
	18.5	2027.00	3050.00	3190.00	3447.00	4344.00	5026.00	5100.00	6219.00	8195.00
	19.0	2070.00	3115.00	3266.00	3530.00	4446.00	5150.00	5216.00	6358.00	8380.00
	19.5	2113.00	3180.00	3342.00	3613.00	4548.00	5274.00	5332.00	6497.00	8565.00
	20.0	2156.00	3245.00	3418.00	3696.00	4650.00	5398.00	5448.00	6636.00	8750.00
	20.5	2186.00	3324.00	3488.00	3771.00	4753.00	5483.00	5563.00	6773.00	8946.00
	21.0	2216.00	3403.00	3558.00	3846.00	4856.00	5568.00	5678.00	6910.00	9142.00
	21.5	2246.00	3482.00	3628.00	3921.00	4959.00	5653.00	5793.00	7047.00	9338.00
	22.0	2276.00	3561.00	3698.00	3996.00	5062.00	5738.00	5908.00	7184.00	9534.00
	22.5	2306.00	3640.00	3768.00	4071.00	5165.00	5823.00	6023.00	7321.00	9730.00
	23.0	2336.00	3719.00	3838.00	4146.00	5268.00	5908.00	6138.00	7458.00	9926.00
	23.5	2366.00	3798.00	3908.00	4221.00	5371.00	5993.00	6253.00	7595.00	10122.00
	24.0	2396.00	3877.00	3978.00	4296.00	5474.00	6078.00	6368.00	7732.00	10318.00
	24.5	2426.00	3956.00	4048.00	4371.00	5577.00	6163.00	6483.00	7869.00	10514.00

(三) 常见国家到付资费的计算

国际到付件一般分为临时到付、协议到付和第三方支付三种。快递员在收取国际到付件时,对于临时到付件一般事先向寄件方收取一定的押金,以避免收件方拒付运费给企业造成不必要的损失;协议到付是快递企业与长期合作客户签订协议,由客户提供协议账号支付快件运费,不需要业务员直接收取;第三方支付的一般也是与快递企业长期合作的客户,由该客户的协议账号支付运费,也不需要业务员直接收取。

1. 国际快递计费单位

国际快递公司的计费单位都是公斤(kg)。比如敦豪航空货运公司(DHL)、美国联合包裹运送服务公司(UPS)、联邦快递(FEDEX)一般是 21kg 以下按首续重收费,即总费用 = 首重费用 + 续重费用,通常首重的费用相对续重费用较高。

计费重量最小单位 0.5kg,不足 0.5kg 的按 0.5kg 计费,超过 0.5kg 不超过 1kg 的按

1kg 计费,以此类推。以第一个 0.5kg 为首重,以每增加一个 0.5kg 为续重。例如:1.67kg 就按 2kg 计费。

2. 国际快递重量的计算

国际快递中(除中国邮政速递物 EMS 外)重量具体可以分为实际重量、体积重量、计费重量。实际重量是指快件包含包装在内的总重量。体积重量是指因运输工具承载能力及能装载物品体积所限,将货件体积折算成的重量即为体积重量。目前国际快递体积重量的计算方法是:体积重量 = 长(cm)×宽(cm)×高(cm)/6000,不规则的包装则按照货物单边最长、最宽、最高点计算。

国际快递中体积重量大于实际重量的货件又常称为抛货。计费重量:将整票货物的实际重量与体积重量比较,取大的为计费重量。例如:一票货物的总实际重量是 60kg 体积是:60cm×80cm×70cm/5000 = 67.2 那么计费重量就是 68kg。

3. 燃油附加费

燃油附加费(Fuel oil surcharge/fuel adjustment factor),快递公司收取的反映燃料价格变化的附加费。该费用以每运输吨多少金额或者以运费的百分比来表示。缩写为 f. o. s. 或 f. a. f. ,也称作 Bunker surcharge 或 Bunker adjustment factor。所有的燃油附加费都可以通过官方网站查询,DHL、UPS、FEDEX 都可以通过官网查到相对应的当月燃油附加费。

4. 计费公式

(1)21kg 以下货物的计算方式。

①实重货:实际重量 > 体积重量,当需寄递物品实重大于材积时:

运费计算方法为:运费 = {首重运费 + [重量(kg)×2 − 1]×续重运费} + {首重运费 + [重量(kg)×2 − 1]×续重运费}×当月燃油附加费率。

简化公式:{首重运费 + [重量(kg)×2 − 1]×续重运费}×(1 + 当月燃油附加费率)。

例如:15kg 货品按首重 150 元、续重 28 元当月燃油附加费率为 23.5% 计算,则运费总额为:[150 + (15×2 − 1)×28]×(1 + 23.5%) = 1188.07 (元)。

②轻泡货:实际重量 < 体积重量。

先计算体积重量,然后按照运费计算方法计算:首重运费 + [重量(公斤)×2 − 1]×续重运费;物品体积重量:长(cm)×宽(cm)×高(cm)÷6000 = 重量(kg)。

(2)21kg 以上货物的计算方式。

21kg 以上货物一般直接按照公斤数计费,多出 1kg 但不超过 1kg 时,计费重量仍按

1kg 计。例如:34.1kg 要按 35kg 计费,34.9kg 也是按 35kg 计费。EMS 每票货物不能超过 30kg,所有的货物都按首续重计费。

(四)到付资费计算注意事项

(1)因涉及汇率问题,而汇率又是随时变动的,所以在计算到付件运费时应根据实时的汇率或是快递企业本身制定的汇率进行换算。

(2)对于到付件,应按运单标识的币别和金额进行收取,不要再次进行汇率的换算而改变支付币种。

(3)在计算过程中要注意燃油附加费等其他费用的添加,并留意燃油附加费是按快件为单位进行收取,还是按重量为单位进行收取。

(4)有些快递企业在对快件进行到付业务操作的过程中要另外收取费用。

(5)在确认费用由收方支付后,填写运费时,务必在相应数字前方添加目的地的货币缩写(常见货币名称及缩写见表 1-17)。

常见货币名称及缩写 表 1-17

币种名称	缩写	币种名称	缩写
人民币	RMB	印尼盾	IDR
美元	USD	马来西亚林吉特	MYR
日元	JPY	新西兰元	NZD
欧元	EUR	菲律宾比索	PHP
英镑	GBP	俄罗斯卢布	SUR
加拿大元	CAD	新加坡元	SGD
澳大利亚元	AUD	韩国元	KRW
港元	HKD	泰铢	THB

四、国际常见货币汇率知识

1. 汇率的概念

汇率又称外汇利率、外汇汇率或外汇行市,指的是两种货币之间兑换的比率,亦可视为一个国家的货币对另一种货币的价值。具体是指一国货币与另一国货币的比率或比价,或者说是用一国货币表示的另一国货币的价格。例如:一件价值 100 元人民币的商品,如果人民币对美元的汇率为 5,则这件商品在国际市场上的价格就是 20 美元。如果人民币对美元汇率涨到 8,也就是说美元升值,人民币贬值,用更少的美元可买此商品,这件商品在国际市场上的价格就是 12.5 美元。所以该商品在国际市场上的价格会变低。

反之,如果美元汇率跌到4,也就是说美元贬值,人民币升值,用更多一些的美元才可以买到此商品,此时这件商品在国际市场上的价格就是25美元。

2. 汇率的标价方法

汇率的标价方法有直接标价法和间接标价法。

(1)直接标价法,又叫应付标价法,是以一定单位(1、100、1000、10000)的外国货币为标准来计算应付出多少单位本国货币。就相当于计算购买一定单位外币应付多少本币,所以叫应付标价法。包括中国在内的世界上绝大多数国家目前都采用直接标价法。在国际外汇市场上,日元、瑞士法郎、加元、人民币等均为直接标价法,如1美元可以兑119.05日元。在直接标价法下,若一定单位的外币折合的本币数额多于前期,则说明外币币值上升或本币币值下跌,称为外汇汇率上升;反之,如果要用比原来较少的本币即能兑换到同一数额的外币,这说明外币币值下跌或本币币值上升,称为外汇汇率下跌,即外币的价值与汇率成正比,本币的价值与汇率成反比。

(2)间接标价法又称应收标价法。它是以一定单位(如1个单位)的本国货币为标准,来计算应收若干单位的外国货币。在国际外汇市场上,欧元、英镑、澳元等均为间接标价法。如欧元0.9705即一欧元兑0.9705美元。

在间接标价法中,本国货币的数额保持不变,外国货币的数额随着本国货币币值的对比变化而变动。如果一定数额的本币能兑换的外币数额比前期少,这表明外币币值上升,本币币值下降,即汇率下降;反之,如果一定数额的本币能兑换的外币数额比前期多,则说明外币币值下降、本币币值上升,即汇率上升,即外币的价值和汇率成反比,本币的价值与汇率成正比。

3. 汇率的种类

(1)按国际货币制度的演变划分,有固定汇率和浮动汇率。

①固定汇率是指由政府制定和公布,并只能在一定幅度内波动的汇率。

②浮动汇率是指由市场供求关系决定的汇率。其涨落基本自由,一国货币市场原则上没有维持汇率水平的义务,但必要时可进行干预。

(2)按制订汇率的方法划分,有基本汇率和套算汇率。

①基本汇率是指各国在制定汇率时必须选择某一国货币作为主要对比对象,这种货币称之为关键货币。根据本国货币与关键货币实际价值的对比,制订出对它的汇率,这个汇率就是基本汇率。一般美元是国际支付中使用较多的货币,各国都把美元当作制定汇率的主要货币,常把对美元的汇率作为基本汇率。

②套算汇率是指各国按照对美元的基本汇率套算出的直接反映与其他货币之间价值比率的汇率。

（3）按银行买卖外汇的角度划分，有买入汇率、卖出汇率、中间汇率和现钞汇率

①买入汇率也称买入价，即银行向同业或客户买入外汇时所使用的汇率。采用直接标价法时，外币折合本币数较少的那个汇率是买入价，采用间接标价法时则相反。

②卖出汇率也称卖出价，即银行向同业或客户卖出外汇时所使用的汇率。采用直接标价法时，外币折合本币数较多的那个汇率是卖出价，采用间接标价法时则相反。买入卖出之间有个差价，这个差价是银行买卖外汇的收益，一般为1‰~5‰。

③中间汇率是买入价与卖出价的平均数。西方报刊报道汇率消息时常用中间汇率，套算汇率也用有关货币的中间汇率套算得出。

④现钞汇率。一般国家都规定，不允许外国货币在本国流通，只有将外币兑换成本国货币，才能够购买本国的商品和劳务，因此产生了买卖外汇现钞的兑换率，即现钞汇率。按理现钞汇率应与外汇汇率相同，但因需要把外币现钞运到各发行国去，由于运送外币现钞要花费一定的运费和保险费，因此，银行在收兑外币现钞时的汇率通常要低于外汇买入汇率；而银行卖出外币现钞时使用的汇率则高于其他外汇卖出汇率。

4. 各国货币汇率之间的兑换

在国际快递业务过程中，如果寄件人选择运费到付，则在计算运费的过程中，可能会遇到本国货币与外币之间的兑换问题，在兑换过程中则需要使用到汇率。

如果某快件的运费在 A 国为 X，A 国对 B 国的汇率为 Y，则运费如果使用 B 国的货币支付，费用为 X 除以 Y。

例如：一件运费为 100 元人民币的快件，如果人民币对美元的汇率为 5，则这票快件如果选择使用美元支付，则需要支付 20 美元。

第五节　收寄后处理

一、快件交接

（一）国内件的复核

快件在运回营业场所的过程中，由于运输颠簸可能会使快件或运单受损，在交接快件

和运单之前,须对快件和运单进行复核,确保快件和运单的完好,且两者相符。

(1)检查快件外包装是否牢固。检查方法与"指导客户正确包装快件"中的检查方法一致,主要是通过"看、听、感、搬"四个动作,对快件的包装进行检查。如检查有异常,须与营业场所的人员一起(至少两人同时在场)在摄像头监控下,拆开包装,对快件进行检查和重新加固包装。

(2)检查快件上的运单粘贴是否牢固。检查运单的随件联是否缺少,运单是否破损。如果运单缺少或严重破损,需要重新填写一份运单替代原运单寄递快件。如果重新开单,须及时告知客户重新开单的原因,以及把新的单号告知客户,以便客户查询。如胶纸粘贴或运单粘贴不牢固,须使用胶纸重新加固粘贴。

(3)核对数量。核对运单数量与快件数量是否相符,一张运单对应一票快件。如运单数量与快件数量不相符,则须及时找出数量不符的原因并跟进处理。

(4)检查运单是否都已经填写完整。特别注意客户的电话号码、客户签名是否完整正确,运单信息的完整性直接影响快件的信息流。

(二)国际出口快件的复核

为提高国际出口快件报关数据的准确性,保障国际出口快件顺利清关,快件分拣前,快件处理人员应对出口快件的报关单(相关报关资料)、快件详情单、快件包装以及使用的包装标志等逐项进行严格复核把关,发现不符海关通关规定的应立即联系寄件人更正补办,快件留仓暂存;不能更正补办的,应退回快件收寄网点,所有退回件律在快件上粘贴改退标志,注明退往何处和退回原因。

1. 单证的复核

(1)相关单证齐全。

出口正式报关根据贸易方式的不同,应提供的相关单证也有所不同,主要的贸易方式包括:一般贸易、来料/进料加工、临时进出口贸易、货物退运货物返修来料/进料料件退换、货样广告等。在快件进出口过程中最常见的贸易方式是一般贸易和来料/进料加工。

(2)快递详情单信息完整。

复核收发件人信息是否完整,寄递物品中英文品名(包括品牌型号、名称)是否翔实。

复核快件物品报价是否有明显低报情况,若发现明显低报情况,应立即与寄件人沟通、明确,由寄件人发邮件(或传真),确认后更改。

复核关税的付费方式。关税的付费方式包括收件人付费、寄件人付费和第三方付费,如用第三方付费方式应复核是否写明付费账号。

复核保险快件保险金额是否与申报价值相符。

复核寄递物品是否属于(疑似)禁限寄物品、航空危险品。

复核申报价值。快递详情单与形红发票的申报价值是否一致,快递详情单及形发票上填写的申报价值与物品实际价值是否一致。

2. 快件包装的复核

(1)对于文件类快件,如果快件封皮破裂或有拆动痕迹的,应在封面上批注发现情况或予以代封,如严重破损不宜发出,则予以撤回。

(2)对于物品类快件,如果快件包装不符合规定或者已经破裂,足以使内件受损、漏出成污染其他快件,应当设法加以整理重新包装后再转发,并利用快件差异报告通知上一级处理中心破损严重不宜转发的快件信息,将其留仓暂存,利用快件差异报告通知上一级处理中心的同时通知客服联系寄件人协调处理。

3. 快件的复重

国际快件分拣前,快件处理人员需要对所有快件逐一复重。对于重量严重不符情况,应利用快件差异报告通知上一级处理中心同时将快件留仓暂存,通知客服联系寄件人协调处理。

(三) 快件交接原则

1. 当面交接

收派员与处理人员交接快件和运单时,须当面交接。交接双方共同确认快件和运单信息无误。如出现问题可现场解决或将快件和运单退回给收派员处理,便于明确双方责任。

2. 交接签字

交接双方在确认快件和运单信息无误之后,需要在收寄清单或特定的交接表格上,对交接信息进行双方签字确认。然而,随着信息化的发展和员工素质的提升,部分快件公司已经简化了交接签字的环节,双方可达成共识,交接的信息直接以系统信息为准。

3. 运单与快件一起交接

由于快件与运单是一一对应的关系,即一票快件对应着一张运单。快件和运单(快递企业收件存根联)须同时交接,便于处理人员对运单和快件进行对比,及时发现运单或快件遗失的问题。

(四)优先快件的交接

优先快件是指因时限要求较高或者客户有特殊时限要求等原因,需要优先处理的快件统称。在寄递快件时,客户急需将该快件快速送达目的地,提出对某份快件优先收寄的要求,快递企业在接到此类需求之后需要作出相应的反应,最大可能满足客户要求,使客户满意。

在处理客户的优先快件时,应注意以下几点:

(1)优先处理。

在收到优先快件时,应优先处理。例如,客户因赶时间,需要在某日上午十点前,将一票快件发出,此时收派员应优先处理此客户需求。又如客户选择"即日递"产品,此产品要求收派员在上午 12:00 之前将快件取回,收派员则应优先处理此客户需求。

(2)单独交接。

在交接优先快件的过程中,与网点处理人员对快件进行单独交接,以保证快件的处理速度。

(3)登记备案。

在优先快件交接时,应登记备案,以保证对快件状态的监控。

二、收寄信息复核

收寄信息复核是指收派员当班次工作结束后,将实际收寄信息与信息系统中的预定信息进行复核的过程。

(一)预定收寄信息复核的内容

1. 核对当班次收寄信息的数量

收派员在当班次工作结束后,应根据无线数据采集器中已收取的快件数量与信息系统中预定的收寄信息进行比对,核对本人当班次的预定收寄信息是否已经全部完成收件操作。

2. 预定收寄信息与实际收寄信息是否匹配

依照订单信息逐一核对订单信息中的内容是否与快件运单内容一致,核对内容主要包括:寄件人姓名、寄件人联系方式、收件人姓名、收件人联系方式、寄递物品内容等信息。

(二)收寄信息复核异常的处理方法

1. 预定收寄信息未全部下载

例如:快递企业信息系统中显示收派员当班次应有 10 条预定收寄信息,而收派员在当班次仅收到9条收寄信息,则此时由呼叫中心客服人员针对遗漏信息主动联系寄件人。如杲联系到寄件人,则另外预约一个取件时间;如杲没有联系到寄件人,第二天再次联系,如果成功联系到寄件人,首先予以致歉,如果客户继续发件,则安排人员尽快上门收取,如客户取消发件,则再次致歉。

2. 预定收寄信息已下载但未处理

例如:收派员的预定收寄信息有20条,但实际收件仅有19件,则首先要确定此件是否收取。

(1)如确定未收取,则由呼叫中心客服人员针对遗漏信息主动联系寄件人。与寄件人联系成功与否的处理方式同上。

(2)如不确定是否收取,则应仔细回想此件是否收取,并查找相应可能遗忘的角落,如交通工具上、背包里、客户处,如仍未确定是否收取,则需要与客户联系确认是否收取。

(三)预定收寄信息复核的意义

预定收寄信息的复核是将实际收寄信息与信息处理系统中的预定信息相核对,避免因工作中的差错造成客户的流失。

(1)有效地防止人为失误而导致的客户不满。

(2)及时发现快件问题,及时补救,保障客户的利益,降低客户和企业的损失,减少资源浪费,提高客户的满意度。

第二章
快件派送

一、快递员调度

调度人员通过与快递员、客服人员以及处理人员的沟通协调,确保信息完整及时地传达,监督快件派送任务的完成。

(一) 调度的职责

(1)及时准确地传达快件派送指令,合理分配任务,安排人员、车辆、装卸设备、作业场地等执行派送快件的操作。

(2)管理、指挥和协调快递员执行派送任务的作业情况。

(3)跟踪监控快递员的任务完成情况,及时反馈派送任务的进度信息,对特殊情况进行及时的应急处理。

(4)配合基础信息维护人员,完成系统内快递员信息、排班、派送区域划分及区域代码等基础信息的设置。

(5)与客服部门、快件处理部门保持沟通、配合与协调。

(二) 快递员调度的方法

快递企业一般采用人工调度的方法对快递员进行派送调度。专职的调度人员根据接收到的到件预报信息以及派送件的详细地址,确定具体的派送区域及快递员。

(三) 快递员调度的要求

1.合理安排快递员的工时定额

工时定额与派送班次共同限定快递员离开、返回派送网点的时间。编制排班计划时要注意考虑快递员的工作时间和劳动强度,考虑法定节假日或企业规定的快递员休假时间。快递员不能疲劳作业,以确保快递员保持良好的精神状态,安全操作和派送快件。快递员的工时安排要综合考虑两个因素:

(1)派送快件的时间需求和营业网点工作时间(如检查用品用具、快件排序、归班处理),并预留一定的机动时间。

(2)派送段上行走时间。应根据实际需要的工时消耗来确定,但不能超过派送作业最大时间限定。

2.合理安排快递员替班

"定段""定岗"便于快递员熟悉派送区域内名址信息,提高快件派送工作效率,但是当遇到员工请假、节假日轮休、业务量突然增多等情况时,这种"一个萝卜一个坑"的人员安排方法会陷于被动紧张的局面。因此,日常工作中要安排快递员合理兼职和替班。

快递企业一般采用轮休的方式对快递员进行排班。所谓轮休是指统筹运用人力资源,合理安排快递员轮流休息。假设快递员的公休时间按"值五休二"安排,派送网点有五个派送段,A、B、C、D、E分别负责五个派送段的服务,F、G为替班人员,安排快递员轮休的方法如表2-1所示。

员工替班轮休表　　　　　　　　　　　　　　表2-1

派送段	周序						
	一	二	三	四	五	六	七
1段	A	A	A	A	A	F	F
2段	B	B	B	F	F	B	B
3段	C	C	F	G	C	C	C
4段	D	G	G	D	D	D	D
5段	E	E	E	E	G	G	E
轮休人员	F G	D F	C D	B C	B E	A E	A G

3.编制快递员的排班计划

编制排班计划时需要综合考虑以下因素:

(1)业务量的大小要适当。

考虑区域内客户密度及客户收件规律,预测快件派送业务量,保证快递员能在规定的作业时间内将快件派送完毕,不致延误,同时要保证每名快递员的工时得以充分利用。

(2)合理安排派送班次。

按快件的派送时限要求和业务量的多少将每个工作日分为多个派送班次,将上段距离较远的派送段或派送时限紧急的快件(如次晨达快件)安排在较早的派送班次。

(3)充分考虑派送区域的特点。

派送区域内的交通状况、地形特征、各条街道的分布情况、客户居住或办公场所等因素都会影响快递员的派送工作效率。

(4)快递员的工作条件。

快递员派送快件时使用的交通、搬运工具的种类、派送次数要求等也会影响快递员的派送工作效率。

二、派送车辆调度

车辆调度是快递企业管理的一项重要职能,是指挥监控车辆正常运行、协调快件寄递过程以实现快递服务计划的重要手段。通过对车辆的有效调度,能保证合理搬运与装卸,避免不当运输,减少运力投入,节约运输成本,提高企业经济效益。对车辆进行有效调度的作用,主要体现在能及时排除影响运输的不利因素,保证在规定的时限内圆满完成快件派送任务,兑现服务承诺,保证客户权益,维护企业形象。

(一)车辆调度的工作内容

(1)编制车辆运行作业计划。车辆运行作业计划要求:严格限制车辆离站、到站时间,以保证快递时限。

(2)合理指挥派送车辆的停放和出入,保证网点内营运车辆停放秩序井然,出入畅通。

(3)通过全球定位系统(GPS)、地理信息系统(GIS)、电话等现代信息技术和通信工具追踪派送车辆,进行现场指挥协调。

(4)监督车辆离站、到站时间,跟踪车辆运行线路、车辆停靠情况。随时掌握车辆运行信息,进行有效监督。

(二)车辆调度工作的特点

1. 计划性

车辆的调度,必须以完成收派任务为出发点,认真编制、执行及检查收派作业计划。同时,调度人员要不断总结经验,协助网点主管人员提高生产经营计划的编制质量。

2. 预防性

在收派作业计划执行过程中,需要进行一系列预防性检查,发现影响收派的不利因素,及时采取措施。如:代收货款快件收取金额较大时,不能使用自行车、摩托车等交通工具进行派送,需要调度专人、专车进行派送,确保快件和代收货款的安全。

3. 机动性

加强信息沟通,机动灵活地处理问题,准确及时发布调度命令,保证收派任务按时完成。例如:收派途中发生交通事故时,可派相关人员专门处理问题,快递员继续完成收派任务,保证快件收派时限。

4. 权威性

调度工作必须高度集中统一。按照收派任务计划和临时收派任务的要求,发布调度命令,快递员及临时抽调的增援人员必须认真执行。各级领导人员应当维护调度部门的权威。

(三) 车辆调度的基本原则

1. 保证快递时限

快递企业的核心竞争力体现在快件的快递时限方面。快递企业规定了每一个作业段的时限以确保快件的全程时限。每一个作业段时限能否实现将影响到全程时限的实现,因此,快递企业对基本作业段时限的实现情况进行了严格控制。在对派送车辆进行调度时,考虑的首要因素是快件的时限问题。严格限制派送车辆的离站和到站时间,对派送段内道路的各种复杂情况可能给派件带来的影响要有所准备,预留一定时间,以确保快件的快递时限。

2. 统一领导和内外协作相结合

快件的收寄、运输、中转、处理、派送各环节均影响快件的快递时限。因此必须树立全局观点,加强集中统一领导,不同环节都以保证快递时限为统一目标,协调一致。另外,快递服务不仅需要加强快递企业内部的协作配合,还要注重同交通运输部门的协调关系,才能保证收派工作的顺利进行。

3. 保证安全

快递员收派快件时,要在保证安全的前提下,保证收派时限。车辆的调度,要考虑交通规则的因素。做到不使车辆逆行,并最大限度减少车辆掉头行驶。避免引发交通事故或因违反交通规则而被交通管理部门查扣交通工具,确保快递员人身安全和快件安全,同时保证快件顺利收派。

4.综合利用运输工具

根据不同的收派需要和实际情况,有计划地使用各种运输工具,以达到迅速、准确、安全、经济合理的收派目的。

5.节约成本

节约成本是指在保证安全和快递时限的前提下,力求投入最少的人力、物力。

(四)车辆调度的方法

车辆调度的方法有多种,根据快件时限、道路、交通、车辆、天气等有关情况,选用不同的方法。

1.经验调度法

调度人员凭自己的经验和技巧安排车辆运行,并处理运行中发生的问题。经验调度法主要是根据调度人员对快件业务量、快件时限、派送路线、交通等情况的掌握和了解,对车辆进行合理调度。

2.专车运行调度法

超重件、超大件、金额较大的代收货款快件、时限紧急快件等采用专车运行调度方法,派专车专人进行派送,保证派送安全和派送时限。

3.循环调度法

当车辆在某一地点派送完毕后,在该地点或临近地点就近收件,而不直接回营业网点的调度方法,相比于专车运行调度法它提高了里程利用率。

4.统筹协调法

(1)调度人员应该掌握每月快件相对集中的时间,在快件数量较多时,可以采取动态排班措施,合理调配人员及车辆。同时,在快件相对较少时,尽可能安排快递员轮休及车辆维修。

(2)合拆派送段。

合并业务量少的派送段,拆分业务量大的派送段。这就要求快递员不仅要对自己负责的派送段熟悉,而且要熟悉其他派送段,尤其要熟悉自己相邻派送段。

(3)保证优先快件派送。

快递员、车辆的调度应优先考虑优先快件的派送。

5. 图上作业法

图上作业法是将派送运输任务反映在交通图上,通过对交通图初始调运方案进行调整,求出最优派送车辆运行调度方法。运用这种方法时,要求交通图上没有快件对流现象,以运行路线最短、运费最低或行程利用率最高为优化目标。其基本步骤为:

第一,绘制交通图。根据派送网点、交通路线、派送区域与客户地点的布局,绘制出交通示意图。

第二,将初始运行方案反映在交通图上,一般可先按快件要求到达的时间,按先后顺序进行连线。

第三,检查与调整。面对交通图上的初始方案,对交叉线路、迂回线路进行优化,在保证派送时限要求的前提下,优先派送重件、大件,可重复利用多种不同的优化方法,画出优化图,计算比较各方案中派送路线的总长度及快件的送达时间,如能满足每票快件的送达时限要求,且派送路线最短则为最优方案;否则需要继续进行调整。

6. 智能调度法

通过车辆智能调度系统可以自动向车辆和快递员下达任务和发车指令,并对所有的车辆在电子地图上进行可视化监控,随时了解车辆的位置、状态、行驶速度等。如:GPS 定位跟踪调度法和 GIS 进行查询调度法。

(1)GPS 定位跟踪调度法。

快递企业给派送车辆装载 GPS 定位系统,利用全球卫星定位技术和移动通信网络,通过车载终端设备、调度管理平台,实现对车辆、人员的定位跟踪、实时监控、轨迹回放、电子围栏、超速报警、里程统计等管理和调度。具体内容一般包括:

①调度人员在车辆出发之前预设好派送路线,GPS 监控调度系统则在车辆行驶过程中将车辆运行轨迹数据实时上传到调度中心,从而把整个车辆的操作业务变得透明,为协同派送打下基础。

②调度人员通过调度中心的计算机终端可以对在线车辆实时调度。调度人员在指定的界面内输入车辆牌照号码或其他代码,该车辆的实时位置等通过网络传送到 GPS 定位车辆信息调度管理中心现场(如图 2-1 所示)。

③对画面显示实时跟进,通过视频对车辆进行监控。调度人员通过调度中心的计算机终端可以对在线车辆实时调度,动态监控,可随时查看掌握运营车辆的车况、路况、运行位置、速度、方向等信息。调度人员根据掌握的信息对在线的车辆及时地下发调整车速、按路线行驶等调度指令,从而实现真正的车辆位置实时调度监控功能。

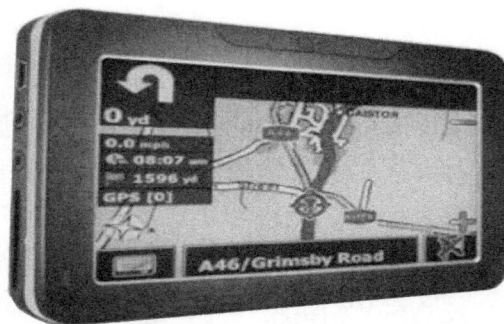

图 2-1　GPS 定位示意图

(2)GIS 进行查询调度法

GIS(Geographical Information System)是用于获取、储存、查询、综合、处理、分析和显示与地理位置相关的数据和在不同用户、不同系统和不同地点之间传输数字化空间信息的计算机系统。利用先进的 GIS 技术,错综复杂的运输网络的管理调度、派送网点的布局、快件派送管理等与空间位置有关的问题,在电脑屏幕上能直观地显示出来,哪里有派送网点,各派送网点派送段分布,派送网点周围的企事业单位、专业批发市场、居民结构以及派送段的覆盖范围、所覆盖的街道、单位名称等均在电脑屏幕上一目了然。

完整的 GIS 物流分析软件集成了车辆路线模型、最短路径模型、网络物流模型、分配集合模型和设施定位模型等。快递企业运用 GIS 的车辆路线模型解决在一个起始点、多个终点的快件运输中如何降低运输作业费用,并保证服务质量问题,包括决定使用多少辆车、每辆车的路线等。

三、派送路单制作

快递企业按派送段制作派送路单,作为处理人员与快递员交接快件的依据。有的快递企业不要求客户在快件运单上签收快件,而是在派送路单上进行签收,此时的派送路单不仅是处理人员与快递员交接快件的依据,客户签收后的派送路单又是日后查询快件是否正常签收的重要依据。派送路单的制作在制度上有着严格的要求。

(一)派送路单的制作方法

在派送快件前,通过电脑系统打印等方式将准备派送的快件的相关信息制作成派送路单。

电脑系统打印派送路单是指快递企业的操作系统中设有特定的派送路单样式,对快件进行派送登单扫描,将快件信息上传至电脑系统,并在相应位置输入派送段名称、快递员姓名或工号信息,计算机自动在系统内生成该派送段的派送路单,再将派送路单打印出来。电脑系统打印派送路单的具体操作方法如下:

(1)启动操作系统,输入路单制作人员的用户名和密码登录系统,选择系统中派送登单功能相对应的操作模块。

(2)根据操作系统要求,输入派送段名称、代码、拼音缩写等,正确选择进入登单格口的派送段操作界面。

(3)逐一扫描快件,防止误扫和漏扫,挑出错误分拣的快件单独存放。

(4)扫描快件时,机器距运单编号 5~30cm,使激光束覆盖运单编号。扫描时需注意设备提示音响,当设备发出扫描失败提示音时,应进行重新扫描。

(5)对一票多件快件应集中进行扫描。

(6)运单编号污染、受损无法扫描时,应手工键入。

(7)对于保价快件、代收款快件、到付快件、限时快件要在备注栏注明或使用专用模块扫描录入。

(8)如果错扫快件,应及时在操作系统中执行数据删除。

(9)扫描结束后,在操作系统中打印派送路单。

(10)如果快件实际数量与派送路单数量不符,应及时查找复核。漏扫的快件,重新扫描录入。

(11)登单结束,检查作业场地周围有无遗留未扫描的快件。

(12)退出操作系统。

某快递公司系统派送路单如图 2-2 所示。

图 2-2　某快递公司系统派送路单

(二)派送路单的制作要求

(1)在制作派送路单时,必须做到"两准、两核对"。"两准"是指登录的快件信息和快件数量要准、派送路单结数要准;"两核对"是指派送路单表头派送段名称与快件上收件人地址信息核对,派送路单表头派送段名称与分拣格口派送段名称核对。

(2)派送路单制作过程中如发现有错误分拣(即串段)、错误登录(快件信息录入错误)的情况,要及时予以更改。

(3)登单时路单的流水号要连续。另外,要防止出现重号或跳号现象。每页路单应按规定格数登录完后再换页,不能超格登记,也不能在同一班次内未登录完就换页。

(4)每个派送段登录完毕应有正确结数,同时路单(包括底份)上都应清晰地加盖当班(日)登单日戳或填写登单日期及时间,同时登单人员要加盖名章。

(5)制作派送路单时,要逐票核对派送路单与快件实际信息是否相符。如果发现路单上收件人信息空白或其他信息与实际情况不符,必须用手工补写完整或修改正确;遇到错误分拣或错误登录的情况,派送路单上某票快件需要划销或改登、转出时,必须在派送路单相关格内加以相应批注,并加盖经手人员名章。

(6)派送路单字迹必须清晰可辨认,并一式两份,一份由处理人员留底备份,一份由快递员作为派送的依据。

(7)快递员对照派送路单检查核对快件,核对无误后,会同处理人员在派送路单上签字确认。

(8)派送时,快递员在派送路单上记录派送异常情况,归班后上交业务主管存档。

第二节 派送服务

一、派送路线设计

派送路线是快递员派送行走的轨迹。合理设计派送路线可以节约派送时间,提高派送效率。派送路线设计主要是整合影响派送运输的各种因素,根据现有的运输工具及道路状况,对派送路线作出选择,及时、安全、方便、经济地将快件准确送达客户手中。合理地设计派送路线对于派送工作的有效完成具有重要的作用。

（一）派送路线设计原则

1. 保证快件安全

快递服务的宗旨是将快件完好无损、及时安全送达收件人。保证快件安全的要求：选择的派送路线路况要好（路面质量好、车道宽敞、车流量较少，坡度和弯度密度小）；不能很偏僻等。

2. 保证派送时限

快件派送时限，是指从完成快件交接，至客户处成功派送快件的最大时间限度。时限是客户比较重视的因素，也是衡量快递服务质量的一项重要指标。

影响派送时限的因素有很多，除派送车辆故障外，所选择的派送路线不当、也会造成时间上的延误，因此，必须在认真分析各种因素的前提下，用系统化的思想和原则，有效协调、综合管理、选择最佳派送路线，保证快件的派送时限。

3. 优先派送优先快件

优先派送的快件主要包括以下三种类型：

（1）时限要求高的快件，如：限时快件。

（2）客户明确要求在规定时间内派送的快件，如：等通知派送的快件。

（3）二次派送的快件。

4. 优先派送保价快件

保价快件一旦丢失，会给快递企业和客户带来非常严重的损失。快递员携带保价快件路上行走时间越长，快件丢失或损毁的几率越大。为了降低风险，在不影响其他快件派送时限的情况下，优先派送保价快件。

5. 先重后轻，先大后小

由于重件或体积大的快件的装卸搬运所需劳动强度大，优先派送，既可减轻全程派件的作业难度，也可减少车辆磨损和能耗。

6. 减少空白里程

空白里程是指完成当班次所有快件的派送所行走的路线的实际距离减去能够完成所有快件派送的有效距离。空白里程的产生不仅增加了运输服务成本和快递员的劳动时间和劳动强度，还影响快件的派送时限。为了减少空白里程，需要做好以下几方面的工作：

（1）快递员应熟悉掌握派送段内每条路段、街道所包含的门牌号。

（2）快件排序时，注意将同一客户的多票快件排在一起，一次派送。

（3）对于同一派送段，应掌握多条派送线路，选择最短路径进行派送。

（4）及时掌握派送段内的交通和路况信息，避免因交通管制或道路维修而绕路，增加空白里程。

（二）派送路线设计影响因素

对于派送路线设计来说，货量、时效、运力都是影响其规划的关键因素。货量上，包含了线路货量、主路由货量、产品货量、分拨与分拨之间的货量等；时效上，指线路上的时间节点，发车时间、到达时间、兑现时间、运行时间、停发时间等；运力上，包含了装载率、发车频率、发车班次等。

其次，派送路线设计还受许多其他因素影响。这其中包含了不同车型的需求、各车型数量需求、线路成熟度、人力因素、环境因素、突发事件等，这些因素都是需要被综合考虑的。

（三）派送路线设计方法

在快件的派送路线设计过程中，影响派送效果的因素很多，主要包括快件时限要求、交通工具、道路交通网络、客户分布等。各种因素互相影响，很容易造成派送不及时、派送路径选择不当、延误客户收件时间等问题。因此，设计派送路线时要综合考虑影响派送运输的各种因素，以满足快件时效要求，实现服务承诺，同时需满足安全派送、降低成本、提高效益的派送要求。派送量少、客户比较集中、交通网络简单的情况下可采用传统经验组织法设计派送路线，即快递员依靠对派送段道路、客户地址地理分布、交通的熟悉情况及经验来设计派送路线。需要派送的快件数量较多、客户分布区域广、交通道路网络复杂的情况可采用最短路径法或节约里程法。

1. 最短路径模型—蚁群算法

蚁群算法是基于蚂蚁总能在觅食行进过程中，通过释放信息素（一种生物激素），根据信息素浓度从而找到巢穴与食物之间最短距离这一现象而提出的。这是一种用来在一定区域内寻找优化路径的算法。

以数字1到10（模拟出发地、收货地）的排列组合为例，仅仅10个数字就能组合出3628800个组合的可能性。当数字的数量达到20个的时候，这一组合的数量将会是10个数字组合数的4704亿倍。因此，随着条件的越多可组合的数量也就越大，若仅仅依靠人脑来测绘这些数据，显然无法完成。

蚁群算法通过不断收集信息，在不重复目的地的情况下，以求得最短路径，提升效率，但在派送路线实际运营中不能控制费用,无法实现运费最小化。

最短路径问题是图论研究中的一个经典算法问题,旨在寻找图(由结点和路径组成的)中两结点之间的最短路径。最短路径法是采用奇偶点图上作业法。所谓奇偶点,是指线路上遇有交点时,如与其相连的线路条数是奇数,则为奇点;线路上遇有交点时,如与其相连的线路条数是偶数,则为偶点。判断一条派送路线能否不走重复路,要看沿线的奇点个数,如奇点总数的末位为 0 或 2,则无重复路;否则,就一定有重复路线。要使重复路线减少到最低限度,必须符合以下两条原则:

(1)不在两个奇点之间出现多次重复。

(2)在任何环形线路内,重复线路的长度,不要超过环形路长的一半。

图 2-3a)中有 6 个奇点,分别为 B、C、F、G、H、I,所以肯定有重复路。用虚线连接一条线上的两个奇点,奇点间不能有重合,虚线代表重复路,如 BC、FG、HI 的三条路线组合,如图 2-3b)所示。同样可以有 BC、FH、GI 的三条路线组合,BC、FI、GH 的三条路线组合,BH、CF、GI 的三条路线组合,依次如图 2-3c)、图 2-3d)、图 2-3e)所示。其中只有图 2-3b)所添虚线完全符合原则,是最短的重复线路。

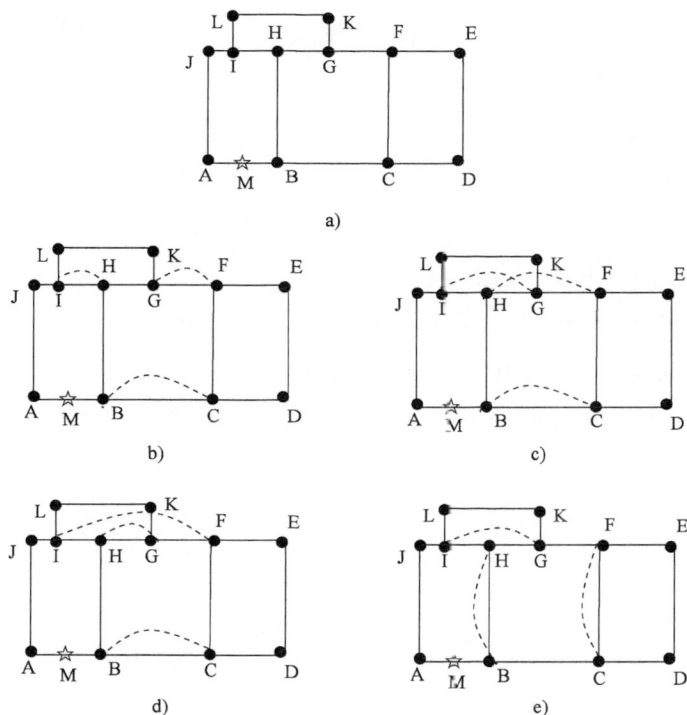

图 2-3 最短路径派送路线设计图

注:——代表派送路线;●代表派送路线的交点;☆代表派送网点

Dijkstra 算法是典型最短路算法，用于计算一个节点到其他所有节点的最短路径。主要特点是以起始点为中心向外层层扩展，直到扩展到终点为止。Dijkstra 算法能得出最短路径的最优解，但由于它遍历计算的节点很多，所以效率低。

Dijkstra 算法思想为：

设 $G = (V, E)$ 是一个带权有向图，把图中顶点集合 V 分成两组，第一组为已求出最短路径的顶点集合（用 S 表示，初始时 S 中只有一个源点，以后每求得一条最短路径，就将加入到集合 S 中，直到全部顶点都加入到 S 中，算法就结束了），第二组为其余未确定最短路径的顶点集合（用 U 表示），按最短路径长度的递增次序依次把第二组的顶点加入 S 中。在加入的过程中，总保持从源点 v 到 S 中各顶点的最短路径长度不大于从源点 v 到 U 中任何顶点的最短路径长度。此外，每个顶点对应一个距离，S 中的顶点的距离就是从 v 到此顶点的最短路径长度，U 中的顶点的距离，是从 v 到此顶点只包括 S 中的顶点为中间顶点的当前最短路径长度。

Dijkstra 算法具体步骤：

步骤 1：初始时，S 只包含源点，即 $S = (U, V)$ 的距离为 0。U 包含除 v 外的其他顶点，U 中顶点 u 距离为边上的权（若 v 与 u 有边）或（若 u 不是 v 的出边邻接点）。

步骤 2：从 U 中选取一个距离 v 最小的顶点 k，把 k 加入 S 中（该选定的距离就是 v 到 k 的最短路径长度）。

步骤 3：以 k 为新考虑的中间点，修改 U 中各顶点的距离；若从源点 v 到顶点 u（u⊆U）的距离（经过顶点 k）比原来距离（不经过顶点 k）短，则修改顶点 u 的距离值，修改后的距离值的顶点 k 的距离加上边上的权。

步骤 4：重复步骤（2）和（3）直到所有顶点都包含在 S 中。

例 1：要把某快递公司处理中心 A 的一车快件运送到某快递网点 B，根据两个地点之间可选择的行车路线地图，绘制了图 2-4，线上所标注为相邻线段之间的距离，要求寻找出一条最短的运输路线。

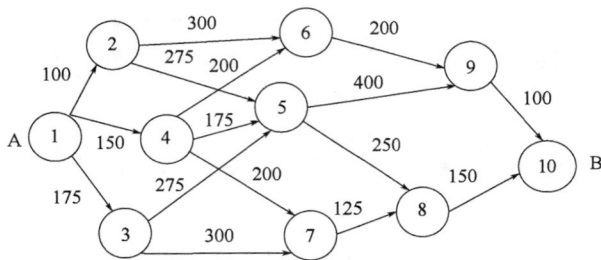

图 2-4　公路交通网络图

解题思路：

从终点开始逐步逆向推算。

步骤 1：与终点 10 连接的节点有两个，即节点 9 和 8；

　　　　从节点 9 到节点 10 只有一条线路，该线路为最短线路，长度 100，记为：(9—10)100；

　　　　同样，节点 8 到节点 10 的最短线路为 150，记为(8—10)150；

步骤 2：节点 6。与 6 连接的只有一个节点 9，6 至 9 的最短里程为 200。而 9 至终点 10 的最短里程为 100。因此 6 至终点 10 的最短里程为 200 + 100 = 300。记为：(6—9—10)300。

步骤 3：节点 5。与 5 连接的节点有 9、8 两个。

　　　　5 至 9 再至终点的最短里程为 400 + 100 = 500，

　　　　5 至 8 再至终点的最短里程为 250 + 155 = 400。

　　　　400 < 500，所以 5 至终点的最短里程为 400，记为：(5—8—10)400。

步骤 4：节点 7。至终点的最短里程为 125 + 150 = 275，记为：(7—8—10)275。

步骤 5：节点 4。与 4 连接的节点有 5、6、7 三个。

　　　　节点 4 至 6 再到终点的最短里程为 200 + 300 = 500；

　　　　节点 4 至 5 再到终点的最短里程为 175 + 400 = 575；

　　　　节点 4 至 7 再到终点的最短里程为 275 + 275 = 550。

　　　　三个里程中以 500 为最小，所以节点 4 至 10 的最短里程记为(4—6—9—10)500。

步骤 6：节点 2 和 3。

　　　　用同样的方法，得到：

　　　　节点 2 到终点的最短里程为 600。记为：(2—6—9—10)600。

　　　　节点 3 到终点的最短里程为 575。记为：(3—7—8—10)575。

步骤 7：最后看节点 1。节点 1 可以通过三个节点 2、3、4 连接到终点。

　　　　节点 1 通过节点 2 再到终点的最短里程 100 + 600 = 700，路径为(1—2—6—9—10)700；

　　　　节点 1 通过节点 4 再到终点的最短里程 150 + 500 = 650，路径为(1—4—6—9—10)650；

　　　　节点 1 通过节点 3 再到终点的最短里程 175 + 575 = 750，路径为(1—3—7—8—10)750。

以上三个里程中以 650 为最小,即 A 到 B 的最短里程,对应的最短路线为:
1—4—6—9—10。

例2:要把某快递公司处理中心 A 的一车快件运送到某快递网点 J,B、C、D、E、F、G、H和 I 是网络中的节点,节点之间以线路连接,线路上标明了两个节点之间的距离,如图 2-5 所示,要求寻找出一条最短的运输路线。

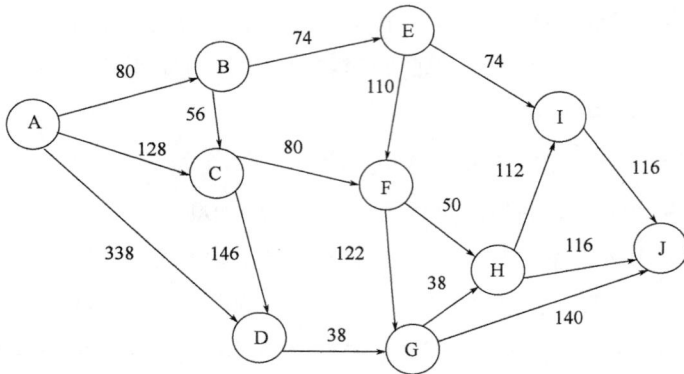

图 2-5　公路网络示意图(单位:km)

从图 2-5 可以看出,从 A 地到 J 地,有很多条线路可以选择,然而,运输线路选择优化的任务就是要找出使总路程的长度最短的线路,这就是运输规划中的最短线路问题。按照 Dijkstra 算法思想列出最短运输线路计算表(如表 2-2 所示),分步骤地计算。

最短运输线路计算表　　　　　　　　　　　　　表 2-2

步骤	直接连接到未解节点的已解节点	与其直接连接的未解节点	相关总距离(km)	第 n 个最近节点	最小距离(km)	最新连接
1	A	B	80	B	80	AB *
	A	C	128			
	A	D	338			
2	A	C	128	C	128	AC
	A	D	338			
	B	E	80 + 74 = 154			
	B	C	80 + 56 = 136			
3	A	D	338	E	154	BE *
	B	E	80 + 74 = 154			
	C	F	128 + 80 = 208			

续上表

步骤	直接连接到未解节点的已解节点	与其直接连接的未解节点	相关总距离（km）	第 n 个最近节点	最小距离（km）	最新连接
4	A C C E	D F D I	338 128 + 80 = 208 128 + 146 = 274 154 + 74 = 228	F	208	CF
5	A C E F	D D I H	338 128 + 146 = 274 154 + 74 = 228 208 + 50 = 258	I	228	EI *
6	A C F I	D D H J	338 128 + 146 = 274 208 + 50 = 258 228 + 116 = 344	H	258	FH
7	A C F H H I	D D G G J J	338 128 + 146 = 274 208 + 122 = 330 258 + 38 = 296 258 + 116 = 374 228 + 116 = 344	D	274	CD
8	D F H I	G G J J	274 + 38 = 322 208 + 122 = 330 258 + 116 = 374 228 + 116 = 344	G	322	DG
9	G H I	J J J	322 + 140 = 462 258 + 116 = 374 228 + 116 = 344	J	344	IJ *

步骤 1，在图 2-5 可以看出，装货地 A 即是起点，是第一个已解的节点。与 A 点直接连接的未解的节点有 B、C 和 D 点。B 到 A 的距离最短，所以是唯一的选择，成为已解的节点。

步骤 2，是找出距离已解 A 点和 B 点最近的未解节点。只要列出距各个已解节点最近的连接点，则有 A—C，B—C。注意从起点通过已解节点到某一节点所需的路程应该等于到达这个已解节点的最短路程加上已解节点与未解节点之间的路程。即从 A 经过 B 到达 C 的距离为 80 + 56 = 136km,而从 A 直达 C 的距离为 128km。现在 C 点也成为已解节点。

步骤 3,要找出与各已解节点直接连接的最近的未解节点。在图 2-5 上可见,在与已解节点 A、B、C 直接连接的有 D、E、F 三个点,自起点到三个候选点的路程分别是 338、154、208km,其中连接 B、E 的路程最短,为 154km。因此,E 点为所选。

重复上述过程,直至到达终点 J,即步骤 9。由此得到最优线路为 A—B—E—I—J,最短的路程为 344km。

最短路径法可以利用计算机进行求解。把运输网络中的线路(有的称为链)和节点的资料都存入数据库中,选好起点和终点后,计算机可以很快就算出最短路径。

2. 节约里程法

如图 2-6a)所示,假设 P 点为派送网点,A 点和 B 点为客户地址,各点相互的道路距离分别用 a, b, c 表示。如果分别对两个客户进行派送,如图 2-6b)所示,实际运行距离为 $2a + 2b$。如果巡回派送,如图 2-6c)所示,则运行距离为 $a + c + b$。采取图 2-6c)方式,当道路没有特殊状况时,可节约运行距离为 $(2a + 2b) - (a + b + c) = a + b - c$;根据三角形两边之和大于第三边之定理,$a + b - c > 0$,则这个节约量称之为"节约里程"。

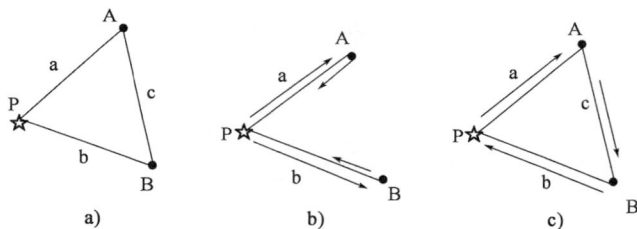

图 2-6　节约里程法原理图

注:☆代表派送网点;●代表不同的派送地点

节约里程法对派送路线设计的指导意义在于:设计派送路线时,尽量避免迂回运输。迂回运输是舍近取远的一种不合理的运输形式。迂回运输有一定复杂性,不能简单处之,只有当计划不周、地理不熟、组织不当时发生的迂回,才属于不合理运输。如:因快件时限要求高进行紧急派送引起的迂回运输不属于不合理运输。

根据节约里程法的原理要求,由派送网点出发对多个客户进行派送时,设计派送路线除考虑快件的时限、特性外,还应考虑节约派送路线行程。

例 3:如图 2-7 所示为某派送段所属区域的道路交通网络图,图中 P 点为派送网点,

A→K为派送客户所在地点,共 12 位客户,线路上的数字为道路距离,单位为 km。

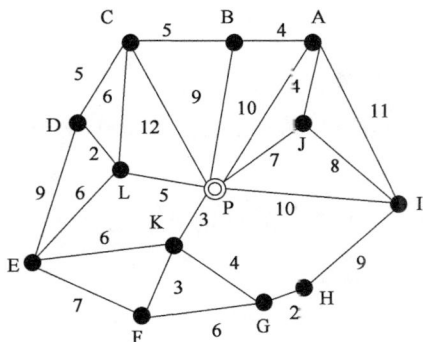

图 2-7　某派送段道路交通网络图

解题思路:

步骤 1:从派送网点 P 出发,应优先派送优先快件,假设 J 点快件是时限紧急的快件,优先派送,即先确定 P—J,如果其他快件均为一般快件,则仅考虑节约行程即可,依次为 A、B、C;

步骤 2:由于 C—L—D—E(行程 17km)> C—D—L—E(行程 13km),所以选择 C—D—L—E;

步骤 3:由于 E—K—F—G(行程 15km)> E—F—K—G(行程 14km),所以选择 E—F—K—G;

步骤 4:从 G 点开始,依次为 H、I;

步骤 5:从 I 点返回派送网点 P。

派送路线为 P—J—A—B—C—D—L—E—F—K—G—H—I—P。

3. 最优方案模型→图上作业法

从某快递分拨中心用多台派送车辆向多个客户派件,每个客户的位置和快件需求量一定,每台派送车辆的载重量一定,每台车一次派送的最大行驶距离一定,要求合理安排车辆派送路线,使目标函数得到最优解,并满足以下条件:

(1)每条派送路线上各客户的需求量之和不超过派送车辆的载重限制。

(2)每条派送路线的长度不超过派送车辆一次派送的最大行驶距离。

(3)所有车辆路线均起始并终止于分拨中心,每个客户的需求必须满足,且只能由一台派送车辆送货。

(4)车辆的行车路线的总耗时不超过一个事先定下的数值,以满足客户对供货时间的要求。

5）对某个客户点，车辆的到达时间被限制在某一段时间内，此约束如不满足，则引入惩罚函数。

当然，对某一具体问题，上述条件可能需全部满足，也可能只需满足其中的一部分。

常用的解决方法有：单纯形法、图表分析法、图上作业法、表上作业法、供求不平衡运输模型。

例4：如图 2-8 所示，A 为某快递公司服务网点，B 为客户，运用图上作业法求最优派送线路。

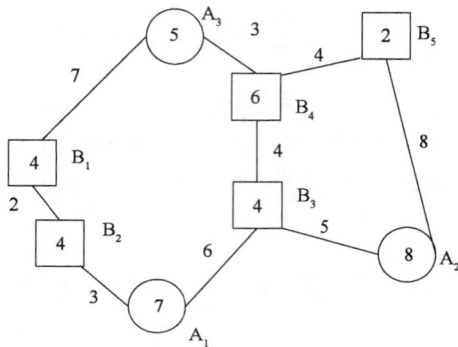

图 2-8　某服务网点交通网络图

解题思路：

步骤 1：求得初始配送方案。

图 1 由两圈构成，两圈分别选一段路假设为不通，假设初始选择 A_3—B_1 和 A_2—B_5 这两段路不通，然后根据就近原则进行商品配送，得到初始调运放单，如图 2-9 所示。

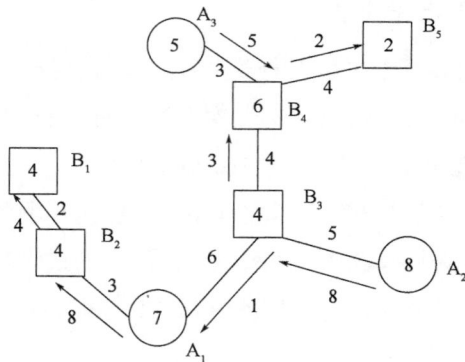

图 2-9　初始调运放单

步骤 2:判断初始调运方案是否为最优方案。

对左右两圈分别进行判断。

左圈	右圈
全圈长:25	全圈长:21
半圈(顺):$3+6+3+2=14>12$、5	半圈(顺):$5+4+4=13>10$、5
半圈(逆):3	半圈(逆):0

注意:B_3—B_4 方向段对于左圈属于逆时针方向,对于右圈属于顺时针方向。

因此初始调运方案未达最优。

步骤 3:进行方案调整。

把原来假设不通的路径重新连接上,然后再选择新的不通路假设,选择标准是在上一轮调运方案中圈上运量最小的线路,左圈运量最小的线路为 B_3—A_1,右圈运量最小的线路为 B_4—B_5,重新假设以上两段为不通,再次根据就近原则进行商品配送,调运方案如图 2-10 所示。

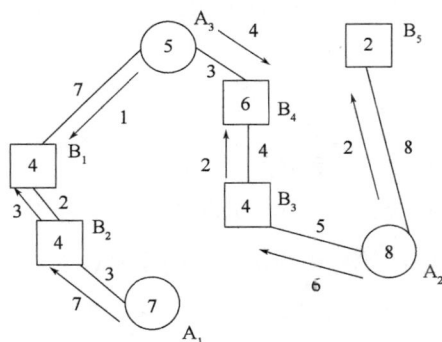

图 2-10 调运方案

再次对左右两圈进行判断。

左圈	右圈
全圈长:25	全圈长:21
半圈(顺):$4+3+2=9<12$、5	半圈(顺):$5+4=9<10$、5
半圈(逆):$4+7=11<12$、5	半圈(逆):$8<10$、5

注意:B_3—B_4 方向段对于左圈属于逆时针方向,对于右圈属于顺时针方向。

左圈和右圈顺、逆时针里程总数均小于各自圈的一半,调运方案达到最优。

二、问题件处理

(一)名址不详快件

因收件人名址不全、信息不完整或书写潦草等原因无法准确识别收件人名址的快件,如果能在派送前与收件人或寄件人取得联系,应询问收件人详细名址,并将详细名址在运单上进行批注,约定时间上门派件。收件人提供的地址如属于本人派送服务范围,按正常流程派送。收件人提供的地址不在本人派送服务范围内,将快件交与处理人员,办理交接手续。

如果因电话无人接、号码为传真号码、电话不全、电话错误等导致快递员联系不到收件人或寄件人,将快件做滞留操作,并交与处理人员,办理交接手续。处理人员通过信息系统查询收件人详细信息并在运单上进行批注,快递员根据批注的收件人名址进行正常派送。

(二)延误快件

快件延误是指快件的首次派送时间超出快递企业承诺的服务时限,但尚未超出彻底延误时限。

1. 快件延误的原因

快件延误的原因主要有以下几种:

(1)因企业自身运输、派送能力不足,委托寄达地其他快递企业代派,被委托企业派送不及时;企业之间出现经济纠纷,积压快件等引发延误。

(2)快递企业超范围不派送快件引发快件延误。为了节省开支,个别快递企业对主城区以外的快件不立即派送,积攒到一定数量后才进行派送。

(3)快递员将快件擅自、随意派送到门卫、传达室等处,门卫、传达室人员没有及时转交快件。

(4)因天气恶劣、交通事故等不可抗力因素引发的快件延误。

2. 延误快件的处理

(1)延误诊断。对已被识别的快件延误,应进行归因分析,以明确是企业内部因素还是外部因素造成的,以及企业对此次延误的可控性,从而为补救行为提供依据。

(2)补救措施。首先主动承认问题。不管是快递企业主动识别还是客户抱怨的快件延误,都应该主动承认问题并且向客户道歉,而不是辩解。辩解不仅不能平息客户的怨气,反而使客户感觉快递企业在推脱责任。向客户解释发生这次延误的原因,以及将要采取的补救措施。

(3)提高补救速度。快速服务的补救措施不仅可以提高客户对服务质量的满意度和忠诚度,还能有效防止客户负面口碑的传播。由于中转延误、天气状况恶劣、交通堵塞等导致快件错过当班派送时间时,应及时与客户进行协商沟通,客户要求立即安排派送的,应第一时间采取补救措施,不能以车辆、人员紧张、找不到快件等为由不负责任地进行推托,故意延误派送快件。对于可控性较强的延误,企业应努力减短延误的时间。

(4)追踪补救效果。可以采用口头询问、电话回访或电子邮件等手段对经历快件延误的客户进行跟踪调查,了解服务补救的效果如何。确认客户对服务的失望情绪是否从根本上得到恢复,同时向客户传达企业愿意对失误负责到底的信息,为恢复客户忠诚做最后的努力。

3. 延误快件的赔偿

(1)应免除本次服务费用(不含保价等附加费用)。

(2)由于延误导致内件直接价值丧失的,应按照快件丢失或损毁进行赔偿。

【案例2-1】

只有口头承诺　快递公司违约

消费者齐女士到某快递营业网点给河南老家的父母邮寄几盒食品。在得到业务人员最迟6天内送达的承诺后,她办理了邮寄手续。谁知时间已过1个月,老人还没收到。齐女士很气愤,与快递营业网点就赔偿事宜协商不下,向工商局求助。

在工商人员调查中发现,齐女士出示的寄件单上没有相应的寄送抵达时间承诺,其所称的"最迟6天内送达"仅是快递经办人员的口头承诺,且后来未得到经办人认可。因此,工商人员根据国家邮政局发布的快递服务邮政行业标准的规定,要求快递营业网点按照快件丢失赔偿标准进行赔偿。

(三) 外包装破损快件

1. 快件派送交接过程中发现破损

在派送交接过程中发现外包装破损的快件,不能直接进行派送,报告网点或客服并将快递滞留,等待进一步处理,并按处理结果决定下一步的派送工作。轻微破损且重量无异常的情况,在"派送路单"备注栏内详细登记破损情况,对快件进行加固包装后派送。遇到快件外包装破损严重,重量与运单重量可能不符的情况,先进行拍照登记留存,快递员会同处理人员对快件进行复重,如果重量与运单重量不符,上报主管人员并将快件留仓跟进处理;如果重量一致,快递员会同处理人员重新包装快件,进行试派。

对有液体渗漏的快件,需要单独存放并小心处理,防止人身伤害或污染其他快件。

处理人员对快件进行拍照,及时将快件编号、破损情况等信息上报客服备案。

2.派送时发现外包装破损

(1)客户签收验视发现快件外包装轻微破损,但没有影响快件的实际使用价值并同意签收,按正常流程进行派送。

(2)客户发现快件外包装破损拒收快件或拒付到付款时,首先向客户道歉,并将客户拒收、拒付的原因标注在运单或派送路单等有效单据上,请客户签字确认,通过手持终端上传(或通过其他方式通知客服部门)快件异常派送的信息。

(四)错发快件

错发件是指实际送达名址与收件人名址不符的快件。

(1)派送交接时,如果遇到单位名称与地址不相符地址错误的快件,与收件人(或寄件人)进行电话联系,确认收件人正确的地址后按正常流程进行派送。如果无法与收件人(或寄件人)取得联系,则将快件交由处理人员跟进处理。

(2)到达运单书写的地址进行派送时,发现该地址无此收件人(或无此单位)的情况,应电话联系收件人,仔细询问收件人的详细地址。如果收件人地址属于本人派送范围,在派送路单或运单上注明正确地址,按正常流程进行派送;如果收件人地址不在本人派送范围内,在"疑难件处理单"上填写(打勾)无法派送的原因,注明正确的地址及收件人姓名,将"疑难件处理单"牢固平整地粘贴在快件运单上,将快件带回派送网点,交处理人员跟进处理。如果无法与收件人取得联系,应电话联系寄件人,说明快件无法派送的原因,并询问快件的处置方法,并在运单上注明,如:"查无此人,寄件人要求原址退回"。

(3)不能在没有核实确认正确地址或收件人身份的情况下派送快件。

(五)撤回件

对尚未首次派送的国内快件,如寄件人提出申请,快递企业可提供撤回服务,提供撤回服务时,快递企业应告知寄件人需要承担的费用并告知收费标准。

在快件寄递的任何一个环节,接到客服部门的撤回通知后,都需要及时对快件进行撤回处理(粘贴快件撤回贴纸并标注撤回费用),不能使快件进入下一个寄递环节。快递员如果在快件首次派送途中接到撤回通知,应立即停止该票快件的派送,在快件运单或派送路单上注明"快件撤回"字样,待返回营业网点后,交由处理人员跟进处理。

快递员派送接收到带有"撤回"标识的撤回快件时,先确认快件资费的收取方式及金额,需要加收撤回服务费的到付快件,除了收取撤回服务费外,还需收取快件到付服务费用;寄付快件,直接收取撤回服务费。

(六)改寄件

改寄件是指快递企业受用户委托,变更原派送地址,寄往新地址的快件。

1. 改寄件的处理

(1)寄件人向快递企业提出改寄申请时,应告知改寄后的收件人姓名、地址、电话等信息;快递企业告知寄件人需要承担的改寄费用及改寄费用标准。

(2)接到客服部门的改寄通知后,在快件运单上粘贴"改寄件"标识,并注明改寄后的收件人详细名址或在快件上粘贴一份新的运单。粘贴新运单的改寄件要求新单完全覆盖原单,如因操作错误导致新单未覆盖原单,快件上粘有两份运单时,则极易使得分拣人员将快件按原运单进行分拣。

(3)改寄件,需要收取改寄服务费,改寄服务费的金额及结算方式在运单上进行注明。

2. 改寄件的派送

快递员接收到带有"改寄"标识的改寄件时,先确认收件人名址:仅有一个运单的快件,按改寄后的名址进行派送;粘有两个运单的快件,与寄件人联系确认收件人地址并在派送路单上进行批注后派送。其次,确认快件资费的收取方式及金额,需要加收改寄服务费的到付快件,除了收取到付款外,还需收取改寄服务费;寄付快件,直接收取改寄服务费。

三、派送异常处理

(一)客户搬迁、客户离职

派送员将快件送达快递运单指定的收件人地点,发现客户已搬迁或客户离职时,处理方法如下:

（1）如果客户在原址贴有搬迁通告或由他人告知具体详细的新址，且快递运单上有收件人联系电话，拨打收件人电话确认新址，填写改退贴纸或在快递运单上进行批注，同时上报客服部备案，并在改退贴纸的相应位置或快递运单的批注处签署派送员的姓名或工号。

如果新址在该派送员派送服务区内，应按正常派送流程及时完成该快件的派送，不能故意延误。

如果新址不在本人派送服务区内，需将快件带回派送网点并移交与处理人员说明客户搬迁情况，并办理交接手续。

如果原址有搬迁通告或由他人告知具体详细的新址，但无法与收件人联系进行确认，填写改退纸或在快递运单上进行批注，签署姓名后进行试派，试派时注意认真核查收件人的身份证等有效证件，并将证件类型及号码批注在快递运单上；既无搬迁通告也无法与收件人取得联系的快件，在改退贴纸或快递运单上批注快件无法派送的原因并签署快递员姓名或工号，将快件带回派送网点并移交给处理人员，办理交接手续。

（2）若月结客户搬迁，派送员除完成上述操作外，还需将客户搬迁的相关信息告知派送网点负责人、客户及同一收派区域不同班次的同事。

（二）客户外出

1. 个人快件

派送员派送快件到达客户处，发现客户因外出不能本人签收快件时，首先要根据快递运单上收件人电话与客户进行联系，确定由他人代收还是再次派送。严禁在无人签收的情况下，把快件随意放在客户处或门卫处。

（1）他人代收。

如果客户指定他人代收，派送时需要认真检查核实代收人员的有效证件以确认代收人员的身份；确认代收人员的身份后，告知代收人的代收责任；由代收人员签收快件，将代收人员的证件类型及号码批注在快递运单备注栏内。代收快件应注意的事项：

①不能让无关的人代收。

②代收人必须是有完全民事行为能力的自然人。

（2）再次派送。

客户外出不能签收快件，经派送员与客户电话联系，客户没有指定由他人代收时，应与客户约定再次派送的时间。约定时间在本班次时间内，按约定时间上门派送。约定时间超出本班次工作时间范围时,做问题件上报,在快递运单备注栏或改退贴纸上批注"客户外出,约定再派"及约好的下次派送时间,签署派送员姓名或工号,将快件带回派送网点交与处理人员跟进处理。

案例【2-2】

代收包裹意外遗失,谁来赔偿

小刘花 3000 多元钱网购了一台游戏机,快递员与他电话联系送货时,小刘表示自己在外地,因疫情防控暂时无法签收,希望推迟一周再送货。快递员表示,根据快递条款的约定,收货人在收到收货通知后最迟应在 3 日内签收,超过期限未收货,要支付超出天数的仓储费和保管费。

无奈,小刘便电话联系门岗保安老王,请他代为签收。老王签收后将包裹放在了门岗处,并告知小刘他过两天要轮休,提醒小刘回来后及时将快递取走。

一周后,小刘回来,到门岗处找寻自己的包裹时,包裹却不知所终。小刘急忙联系快递员称没有收到包裹,但快递员称快件已经被门口保安签收。小刘找到保安老王问询,老王称替小刘代签后就将包裹放在了门岗处等小刘自取,自己这周轮休,没有在门岗处值班。由于保安岗亭处没有安装摄像头,小刘也无从查证是谁拿走了包裹。小刘心有不甘,希望可以要求快递公司和保安老王承担赔偿责任。

(3)留下派送通知单。

如果派送员未能与收件方取得联系,需要留下派送通知单(有的公司称为留言卡、致歉单),告知客户曾经已按时派送快件。派送通知单上必须完整填写派送员名称、联系电话、本次派送时间、下次派送时间等内容。留派送通知单时,要认真核对确认派送地址与快递运单收件人地址,避免因地址错误而造成收件人收不到派送通知单导致快件延误从而引发争议。下一班次免费派送。

2. 单位快件

收件人为单位或单位内某一分支部门的快件,派送时遇到放假,如果单位设置收发室且有收发人员值班,可以由收发员代签收;如果没有设置收发室或收发室无人值班,单位通告收发快件的时间,按单位通告的时间再次免费派送快件。收发室无人值班且没有通告收发时间时,留下派送通知单。下一班次免费派送快件。

(三)客户拒收、拒付

1. 外包装破损

(1)客户检查快件,发现外包装破损但没影响托寄物的实际使用价值,客户愿意签收并不追究责任时,按正常快件派送。但需要派送员在派送时当着客户的面对破损快件进行拍照登记,并上报派送网点处理人员,自客户签收当天起,超过三天上报问题件的,客服人员不再受理。

(2)因外包装破损导致内件损坏(如图 2-11 所示),客户拒绝签收时,首先向客户道歉,礼貌地向客户征求解决问题的意见。

图 2-11　外包装破损

①客户拒绝签收、拒绝支付运费和代收货款时,在快递运单等有效单据上批注拒收、拒付的原因,如"外包装破损,客户拒收""外包装破损,客户拒付运费和货款",填写派送日期和时间,签署派送员姓名或工号。

②在派送记录单上填写外包装破损情况,请客户签字确认。

③进行问题件派送扫描或电话通知客服人员,描述快件破损的情况,外包装情况、称重情况、托寄物情况、填充物、是否有易碎贴纸、快件损坏程度、数量、价值,并把客户的处理意见反馈客服部,由客服人员跟进处理。

④客户未签收的快件,必须在一个工作日内核实快件破损的真实情况,并将快件带回派送网点交与处理人员拍照登记,拍照内容必须包括:外包装、填充物、损坏物,并按规定办理交接手续。

2. 内件不符

(1)派送电子商务快件时,如果寄件人与快递企业签订协议,允许收件人"先验货,再签收",派送员按协议要求提示客户验视快件。收件人验视无异议后,签收快件。如果客户验视,发现内件不符,拒绝签收快件、拒付运费或拒付代收货款时,派送员在快递运单等有效单据上批注拒收、拒付的原因,如"内件不符,客户拒收""内件不符,客户拒付运费及货款";填写派送日期和时间;签署派送员姓名或工号。

(2)进行问题件派送扫描或电话通知客服部门。

(3)将快件带回派送网点交与处理人员跟进处理。

3.客户拒绝支付运费或代收货款并抢夺快件

(1)派送员必须保持冷静,避免与客户发生冲突,不与客户争执,保证自身安全。

(2)如经协商无法收回快件,须及时向派送处理点负责人通报情况,并尽快向客服部门备案说明。

(3)如客户暴力抢件,拨打110求助。

(四)遗失快件

(1)立即上报派送网点负责人及客服部门。如不知道遗失件单号,请派送网点负责人或客服人员查找遗失件的单号。

(2)在不影响其他快件安全和派送时效的情况下,应第一时间寻找丢失快件。

(3)当班次内如无法找回丢失的快件,按时派送其他快件。

【案例2-3】

快递擅放代收点,包裹丢失谁该担责

李女士让朋友给她邮寄了一箱消毒液。苦苦等了两周后,仍未收到货。李女士习惯性地查看包裹信息,结果发现自己的包裹早在两天前就已经被签收了。这让她感到非常气愤。随后,李女士拨打了负责派件的快递员的电话,询问自己的包裹为什么显示已被签收。

快递员表示,给李女士打电话打不通,特殊时期,物业不让进小区,包裹已经放在了物业在小区门口设置的代收柜子中。

李女士赶紧去快递柜找包裹,却怎么也找不到。于是,李女士再次打电话给快递公司,要求其承担赔偿责任。快递公司称包裹已经放在快递柜中,并且快递员事后向李女士发送了包裹入柜的照片,包裹已送达,并且已经签收,丢失概不负责。那么,李女士的包裹丢失,快递公司应否担责?

(五) 突遇不可抗力因素

(1)及时与派送网点主管人员和客服部门取得联系,报告突发事故(交通管制、部分路段禁止通行、进行重大活动、台风等)的具体情况及所在位置的详细地址。

(2)致电客户说明情况,以得到客户的谅解。

(3)交通堵塞时,预计短时间内能通行,按原计划路线正常派送;如长时间不能通行,改走其他路线,但需向派送网点主管人员汇报。

(4)遇有交通事故不能继续完成派送任务时,第一时间报案并及时向派送网点主管人员及客服部门报告,保护好现场及快件;如有人员伤亡,拨打120急救电话求援;耐心等待交警及企业增援人员。

(六) 运费计错或重量不符

首先致电客服部备案。如为重量记错,可安排快件及时派送,如为到付少计,按运单上寄件方填写的运费收取,少计的部分由收件员负责;如为到付多计,须按实际应收取的运费收取,在备注栏内注明实际重量与实际运费,并由客户签名确认。

(七) 地址错误

业务员须将信息上报客服部备案。业务员当班次接到确认后的地址,如正确的地址在该业务员的服务区域内,须按正常派送流程派送,并保证派送时效;如正确的地址不在业务员的服务区域内,须将快件带回网点交客服跟进。业务员当班次未接到确认后地址,须将快件带回网点交客服跟进。

(八) 改派送处理

快件派送途中,寄件客户通知客服人员要求改派,业务员在原运单上注明改派地址及客服查询工号,如改派地址与原地址均在该业务员的服务区域内,须按正常派送流程和时效派送并报告客服备案;如改派地址与原地址不在业务员的服务区域内,业务员须将快件带回网点交客服跟进。

业务员上门派送时,收件客户本人要求改派。如改派后地址仍在该业务员的服务区域内,须按正常派送流程和时效派送并报告客服备案;如改派地址与原地址不在业务员的服务区域内,业务员须将快件带回网点交客服跟进。

四、智能快件箱投递

2019年6月20日,中华人民共和国交通运输部根据《中华人民共和国邮政法》《快递暂行条例》等法律、行政法规,制定了《智能快件箱寄递服务管理办法》(以下简称《办法》),自2019年10月1日起施行。为了保护快递用户合法权益,《办法》规定了收件人的相关权利,以及智能快件箱运营企业、使用企业的相关义务。要求企业使用智能快件箱投递快件应征得收件人同意,投递快件后应及时通知收件人。也就是说,如果未经收件人同意,快递员擅自把快递投放在智能快件箱属于投递不规范行为,用户可以向快递公司投诉。

【案例2-4】

快递员未征得同意直投快件箱

国庆期间,市民常女士和往常一样,在有快递送达时收到了一条物流信息,内容为,"您有一个快递在智能快件箱里等您来取哦。"另外信息中还有快递公司名称、运单号、快递员手机号、取件地址的内容。

"明明我在家,快递员本来可以直接把快递送到我家里,或是打电话通知我取件,但他们却为了图省事直接放在小区门口的快件箱里。"常女士对快递员擅自将快件投放在快件箱内又不提前沟通的行为表示了不满。

常女士说,快递员不按快递服务合同约定的地址提供投递服务,以前很常见,可是按照相关部门新出台的《办法》规定,从2019年10月1日起,所有企业、快递员应该遵照《办法》,在使用智能快件箱投递快件时,应当征得收件人同意,也就是说快递放哪应该由收件人说了算,可是自己却在新规实施后未能享受到相应的服务,觉得有些失望。

和常女士一样,有很多市民认为,《办法》正式实施后,快递业的服务水平应该得到提升和改进,然而实际体验后发现跟之前的区别不大。走访了某市区内多个小区的快件箱网点发现,快递员直接将卸下的快件放到快件箱内且未提前联系收件人的现象依然存在。

此外,《办法》也规定了对于快件出现外包装明显破损、重量与寄递详情单记载明显不符等情况的。另外,寄递详情单注明快件内件物品为生鲜产品、贵重物品的,智能快件箱使用企业均不得使用智能快件箱投递。

1. 扫描入柜出现带 * 号的手机号

带 * 号的手机号是隐私面单,如果能够正常入柜,那么用户就能收到取件短信。如果不能正常入柜,可选择从巴枪系统呼叫客户,按照客户要求进行规范投递。

2.扫描入柜出现多个手机号

如果扫描过程中提示选择手机号,那么请根据面单上的电话选择对应的电话,用户就能正常收到取件短信,此功能是为了保证电话识别正确。

3.客户为新用户

所有新用户第一次入柜时,会显示"手机号识别结果",提示"该客户为新用户,请核对运单和识别结果是否一致",即核对电话和面单上的收件电话是否一致。如果识别的电话和面单不一致,点击"手动输入",输入面单上的收件电话即可。

4.柜机有超过3天的滞留件

如果当前柜机有超过3天的滞留件,在扫描绑定柜机时会提示点击"去处理"。如果超过7日,则需要强制处理滞留包裹,否则无法入柜。

5.客户在丰巢公众号上设置禁止存放

如果客户在"丰巢智能柜"微信公众号的巢助手界面进行了"保管设置",拒绝使用丰巢快递柜,那么快递员在对这类快件进行投递时,务必按照快递面单约定的地点进行规范投放。

五、快递网点服务要求

快递网点是提供快件收寄服务及其他相关服务的场所。

(一)服务特点

(1)时效性:快件投递时间不应超出快递企业承诺或约定的时限。

(2)准确性:快递企业应将快件投递给约定的收件地址和收件人(或收件人指定的代收人)。

(3)安全性:快递企业应建立完备的安全保障机制,确保寄递安全和用户信息安全。

(4)方便性:快递企业在设置服务场所、安排营业时间等方面,以及在收寄、投递、查询、投诉处理等环节,应考虑用户需求,以便为用户服务。

(二)网点设置要求

快递网点宜具有固定的、易识别的营业场所,如营业场所搬迁或停业应通过各种渠道和有效方式告知用户。快递网点应满足以下要求:

(1)有组织标识,并配备必要的服务设施。

（2）有符合相关规定的消防和监控设施。

（3）悬挂名称牌和营业时间牌,标牌保持干净、整洁。

（4）在显著位置公布:服务种类、资费标准、服务承诺、服务电话或者电子邮箱、监督投诉电话或者电子邮箱。

（5）提供各种业务单据和填写样本。

（6）办理国际快递及港澳台快递业务的营业场所,备有中英文对照的服务说明,至少指定或设置一个收寄国际及港澳台快件的营业窗口。

（三）公共卫生管理要求

为创造一个整洁、舒适、健康的工作环境,树立快递网点良好形象,培养快递员良好的个人卫生习惯和公共卫生意识,同时做到规范应急情况的处理工作。

（1）网点牌匾、操作场地等公司经营活动的范围内,地面、墙壁、快件、车辆和物品设备定期清扫,至少保证三个月一次彻底大扫除。

（2）禁止在办公场地和操作场地吃早餐和午餐,破坏公司环境氛围,污染场地卫生。

（3）禁止在网点门前放置垃圾,影响工作环境和公司形象。

（4）针对突发事件制定应急方案,按照有关规定及时报告相关部门,启动应急方案,采取必要的应急措施,确保人员和快件安全。

（5）因突发事件导致各地政府部门要求快递企业区域暂停营业或部分托寄物暂停收取,按调度中心的管控操作执行。

（6）如发生类似新冠或其他疫情,应立即启动相关防控应急预案,遵照预案进行应急处置工作。同时,调度员负责将因疫情原因导致的快递员工感染、网点查封、收派区域封锁、航空提发货异常、特定托寄物限收等异常情况,按要求及时报备总部指挥调度中心。

第三节 派送后处理

一、派送信息复核

（一）派送信息复核的定义

派送信息复核是指派送员对快件的签收、无法派送快件的批注及应收款的收取等派送信息进行复核。

(二)派送信息复核的方法

派送信息复核时,必须进行逐票核对。逐票核对的方法:对照派送路单(派送清单)逐票核对清点已签收快件与无法派送快件的数量是否与派送路单中快件的数量平衡;按顺序逐票核对已签收快件的签收批注和应收款的收取情况;逐票核对无法派送快件是否进行了异常派送批注。

派送员会同处理人员对各业务种类的投递派送单、妥投快递运单及未妥投邮件的件数、签收规格进行审核,无误后,处理人员在"进口投递邮件平衡合拢交接登记表"(以下简称"合拢卷")上登记。

实物合拢与系统合拢后,处理人员依照各道段不同业务种类的投递邮件分类数,依次、分别填写合拢表,无误后,派送员签章确认。处理人员在合拢表上加盖名章、日戳。处理人员在填写合拢表时,数据可做加减,但不得随意涂改,应在加减处加盖名章进行数据更改确认。对不同因素产生的不合拢现象,在合拢表备注栏进行说明,及时查找。

(三)派送信息复核的内容

1. 按址派送信息复核内容

(1)查遗漏未派的快件。

返回派送网点前,派送员应仔细检查派送车辆、快件背包、快件派送集装袋内有无遗漏未派的快件。

(2)核对数量。

清点当班无法派送快件的数量,复核已签收快件与无法派送快件两者数量相加的总数是否与出班时派送路单中快件总数一致。如果数量不能平衡一致,依据投递派送单的前后顺序查找缺失运单号码,回忆地址及投递情形,现场查证,即及时找出数量不符的原因并跟进处理。数量不平衡的原因主要有以下几种:

①快递运单丢失;

②快件派送途中遗失;

③快件遗落在处理场地;

④派送时快递运单"派送存根"联忘记揭取(采用快递运单签收快件的快递企业);

⑤交接时未认真核验,派送路单内容与实际交接情况有差异。

(3)检查签收批注情况。

处理人员要对派送员带回的未妥投邮件快递运单签收规格及批注情况进行检查,核实批注是否完整、规范、属实，并做好检查记录。

①检查已派送的快件有无收件人漏签名章的情况；

②查看收件人所签名章是否清晰；

③非收件人本人签收的快件，有无遗漏批注有效证件名称、号码、与代收人的关系等内容；

④批注的有效身份证件号码是否符合规则；

⑤需要再次派送的快件是否批注"再派"字样；

⑥按规定转网点自取的快件是否在快递运单备注栏批注；

⑦变更地址或退回的快件是否批注，并清晰书写改寄地址或批明退回原因；

⑧检查拒收、拒付快件，是否已准确批注了拒收、拒付的原因并请客户签字确认；

⑨因名址不详、客户搬迁等原因无法派送的快件是否进行正确批注。

（4）核查有无错派的情况。

核对快递运单上收件客户签收的名章与快件快递运单书写的收件人名称是否一致，如不一致，确认是否错派快件。

（5）核对应收款项。

根据派送路单（或称派送清单）和其他应收款资料（如：派送员自己抄写的到付、代收款明细表），核对到付款、关税、商检费、仓储费等应收款项是否足额收取。

2. 自取快件派送信息复核的内容

（1）已领取快件的快递运单上有无收件人签章、证件号码及证件类型以及领取日期和时间。

（2）快件逾期保管费是否正确收取。

（3）已领取的快件，是否及时在自取快件接收登记簿上销号。

（4）是否及时进行催领通知。

（四）派送信息复核处理

1. 快件数量异常处理

如果已签收快件及无法派送的快件数量与派送路单快件数量不平衡，将快递运单"派送存根联"号码及无法派送的快件快递运单号码与派送路单快件快递运单号码进行比对，确认数量不符的原因，将情况及时向派送网点主管人员汇报。

2. 遗漏未派快件的处理

（1）发现遗漏未派的快件（如图2-12所示），首先如实向派送网点主管及客服部门进行汇报。

(2)派送时限要求比较紧急的快件(如当日达快件),经派送网点主管准许后,及时派送快件,并向客户做好解释工作。

(3)下一个班次派送不会影响快件派送时限的快件,按滞留快件处理,在投快件登记表上登记,于下一个班次进行派送。

图 2-12　小件散落车厢内

3.签收批注异常情况处理

(1)错、漏批注证件号码。

立即与客户联系,重新核实证件号码或补签有效身份证件号码。

(2)错漏批注代收关系。

立即重新批注代收关系,派送员不能正确批注时,与客户联系,确定准确代收关系。

(3)客户签署名章不清。

仔细辨认后用正楷字加注在快递运单"备注栏"内。

(4)再派快件、网点自取快件未在快递运单"备注栏"进行批注时,认真工整地进行批注。

(5)漏批快件改寄、退回原因。

应立即准确批注。不能准确批注时,立即与客户联系确定改寄或退回的原因,不得根据印象或想象随意批注。

(6)无法派送快件,错批或漏批无法派送的原因时,应立即进行正确批注。

4.误派快件的处理

(1)及时将情况向派送网点负责人汇报。

（2）赶至错派客户处向客户致歉并说明错派的原因,尽力取回快件,送达正确的收件人。

①取回快件。

尽快将快件派送给正确的客户。如果错派快件已被客户开拆的,需由派送员会同客户重新封装快件,批注误拆原因,并共同在重封处签字(章)证明。

②无法取回快件。

首先通知客服部门,其次联系派送网点主管人员,反馈处理情况。

5．错、漏收取应收款的处理

派送信息复核时,发现错、漏收取应收款项的情况,应立即与客户联系,真诚地向客户致歉并说明错、漏收取应收款的情况,争取客户的谅解与支持,并约定款项结算时间。

二、无法派送国际快件处理

(一)国际进境无法投递快件

快递企业应在投递前联系收件人,当出现快件无法投递情况时,应采取以下措施:

（1）首次无法投递时,应主动联系收件人,通知复投的时间及联系方式,若未联系到收件人,可在收件地点留下派送通知单,将复投的时间及联系方式等相关信息告知收件人。

（2）复投仍无法投递,可通知收件人采用自取的方式,并告知收件人自取的地点和工作时间。收件人仍需要投递的,快递企业可提供相关服务,但应事先告知收件人收费标准和服务费用。

（3）若联系不到收件人,或收件人拒收快件,快递企业应在彻底延误时限到达之前联系寄件人,协商处理办法和费用,主要包括:寄件人放弃快件的,应在快递企业的放弃快件声明上签字,快递企业凭放弃快件声明处理快件;寄件人需要将快件退回的,应支付退回的费用。

(二)国际进境无着快件

国际进境无着快件是指无法投递且无法退回寄件人、无法投递且寄件人声明放弃、无法投递且保管期满仍无人领取的国际快件。

1．处理方式

国际进境无着快件,快递企业保管期满 3 个月后,应及时登记国际无着快件,并将国际无着快件每半年 1 次集中到省级邮政管理部门所在地或其办事处所在地,申请集中处理;对于处于报关阶段的无着快件,应由海关依法进行处理。

2. 处置

对因寄件人或收件人信息缺失而导致的国际无着快件,能从拆出的物品中寻找收件人或寄件人信息的,应继续尝试投递或退回。除此之外,对于能变卖的物品,应交当地有关部门收购,价款上缴国库;不能变卖的,应按以下要求处置:

(1)存款单、存折、支票,应寄交当地人民银行处理,其他实名登记的有价证券,应寄往发行证券的机构处理。

(2)金银饰品,应由邮政管理部门指定的机构收购后,由邮政管理部门上缴国库。

(3)本国货币,应由邮政管理部门上缴国库,外国货币,应兑换成人民币后由邮政管理部门上缴国库。

(4)户口迁移证、护照和其他各种证件,应送发证机关处理。

(5)其他不能变卖的物品,根据具体情况,妥善处理。

三、回单业务处理

签单返还快递是指快递企业在派送快件后,将收件人签收或盖章后的回单返回寄件人的业务。回单是指应寄件人要求,在收件人签收快件的同时,需收件人签名或盖章后返还给寄件人的单据。派送时需要收件人签回单的快件被称为签单返还快件。

(一) 回单业务场景

(1)快递寄递中有单证签署、签返时效需求,且对单证法律效力有要求的。如回单、函证文件、发票签收场景。

(2)对收件/寄件人有本人实名认证签收、存证需求的。如高价值、中国强制性产品认证(3C)、奢侈品等寄递场景。

(3)其他快递配送有回执返还,或需记录签收人真实身份并存证的场景。

(二) 回单业务的种类

随着无纸化办公模式的转变及市场需求的不断提升,传统纸质回单已不能满足客户对环保、成本、服务质量等进一步多样化的业务需求。签回单已由单一的纸质回单升级为电纸质回单、电子回单、拍照回传等多种可选择方式,以实现覆盖更多的回单业务场景。

电子回单是一款结合快递场景中回单需求与电子合同、电子签章技术的产品。寄件人在微信小程序寄件下单时选择电子回单服务,下单完成的同时会生成一份待签署的电子文件。该文件在派送时由快递员通过巴枪端二维码进行展示,快递员需要引导收件人在微信/支付宝扫码后进行实名认证、在线签署等相关操作。签署完成可确保快递履约交付时签署电子文件的规范有效、无法篡改和实时回传。如表2-3所示。

纸质回单、电子回单、拍照上传的比较　　　　　　表2-3

服务	纸质回单	电子回单	拍照上传
签收效率	低:线下签署、物流回寄、耗时长	高:电子签署、快速回传	高:线下签署、拍照回传、高效便捷
签收风险	高:存在冒签、代签、涂改风险	安全有保障:数字证书确保身份真实有效;区块链技术保证数据安全性,杜绝代签	高:存在冒签、代签、涂改风险
回单管理	合同管理难:线下存储、易丢失损毁	简单方便:线上存储,查询/核对便捷	简单方便:线上存储,查询/核对便捷
签收规范	低:存在字迹模糊、漏签、错签风险	高:100%杜绝字迹模糊、漏签问题	低:存在字迹模糊、漏签、错签以及拍照不清晰风险
成本	高:纸质文件、次件	低:电子文件、绿色环保	低:电子图片、绿色环保

(三)回单业务的派送方法

(1)若快件运单上贴有签回单的贴纸或有其他回单快件标识(如:在运单上勾写"签回单"业务),快递员派件前需要检查确认回单运单及回单的完整性。

(2)将寄件人提供且要求收件人签收的回单,交由寄件人指定的人员签收或按指定的方式签收、盖章。

(3)对于签署完毕的回单,快递员认真查看回单各联的用途,将需要收件客户留存的一联留给收件客户,将需要寄回给寄件客户的回单联保留并进行回单回寄操作。回单套分为公司联与客户联,两者的填写必须一致。公司联为派件网点存根,客户联为寄件客户收取,发件网点凭运单号即可查询相应的回单号码。

(四)回单的回寄

1. 填写回单回寄的运单

填写回单回寄的运单时,将原回单快件运单的寄件人和收件人信息进行互换,收寄日期即为回单快件的派送日期,收寄业务员工号为回单快件派送业务员的工号。填写完毕,交客户确认并签名。回单上的"寄件公司"填写的相关资料为运单上标明的收件公司资料(公司名称、地址、电话、收单人姓名);回单上的"收件公司"填写的相关资料为运单上标明的寄件公司资料(公司名称、地址、电话、寄单人姓名),并在回单信封上注明货物的原运单号码。比如:上海至桐庐,运单号:2128735010,填写回单信封的"始发地"应填桐庐,"目的地"应填上海,表明此回单是由桐庐返回上海的。

2. 回单回寄

寄件网点的收件员在收货时应将回单套填写好,回单应与运单同时装在透明塑料袋中再粘贴在货物上(回单套不封口)。将客户签好的回单用回单运单按正常的收寄流程寄回原收寄快件的派送网点。回寄回单邮件中,不得夹带其他任何托寄物。

(五)派送网点回单操作

(1)当派送网点发现需要签回单的快件而没有回单套或无回单时,应及时通知发件网点并由派送网点补写回单套。

(2)货物正常签收后,对必须当日返回的回单务必在当日返回发件网点,对不必当日返回的回单务必在3天内返回发件网点,否则按延误件或遗失件处理。

(3)派送网点的派送员须将回单交由收件客户签字,再重新放入回单套中封好。

(4)回单套的"公司联"由返回回单的派送网点存根留底,以备查询。另:为保证回单时效及回单的准确率,寄件网点务必要在回单上注明主单号,正确书写回单抬头,以免回单又返回派送网点,寄件网点要登记回单号备查,同时派送网点也要登记每天返回的回单。

(5)回单做好发件扫描后返回。

(六)返回回单的系统操作

派送网点在做回单返回时,必须在"扫描-货单发件"按钮功能内做发件扫描,到达寄件网点时寄件网点应在"扫描-货单到件"做到件扫描,并及时将数据上传到快递服务管理系统,以便在网上对回单的去向进行信息跟踪。

第三章
客户服务

第一节 客户开发

　　快递客户开发是快递企业营销的重点。面对快递市场上不断出现的新产品,客户的需求也在发生变化,快递企业开发客户的难度不断增加。针对当前激烈的市场竞争,正确分析快递市场发展趋势,掌握客户需求才能有效地开发客户。

　　案例:UPS——美国"联合包裹运送服务公司"的物流服务工作。

　　UPS 始建于 1907 年,从事信函、文件及包裹快速传递业务。历经百年的发展,公司目前在全球建立了 18 个空运中转中心,每天开出 1600 个航班,使用机场 610 个;UPS 每日上门取件的固定客户已逾 130 万家。UPS 业务量巨大,经济效益可观,在全球快递业中可谓独占鳌头。UPS 之所以取得巨大的经营成功,与其富有特色的物流服务是密切相关的。

　　1. 货物传递快捷

　　UPS 规定国际快件 3 个工作日内送达;国内快件保证在翌日上午八时半送达。在美国国内,公司接到客户电话后即可在 1 小时内上门取件,并当场办妥托运手续。20 世纪90 年代,UPS 开设的 24 小时服务的"下一航班送达",以其"及时、可靠"的服务准则,获得"物有所值的最佳服务"的声誉。

　　2. 报关代理和信息服务

　　UPS 从 20 世纪 80 年代末起投资数亿元建立全球网络和技术基础设施,为客户提供报关代理。UPS 建立的"报关代理自动化系统",使其承运的国际包裹的所有资料进入这个系统,这样,清关手续在货物到达海关之前即已办完。UPS 的电脑化清关为企业节省了时间,提高了效益。

3.货物及时追踪服务

UPS 的及时追踪系统是目前世界快递业中最大、最先进的信息追踪系统。所有交付货物都能获得一个追踪条码,货物走到哪里,这个系统就跟到哪里,每天都有 1.4 万人次通过网络查询其包裹的行踪。非电脑网络客户通过电话咨询"客户服务中心",路易斯维尔德服务中心昼夜服务,200 多名职员每天用 11 种语言回答世界各地的客户大约 2 万次电话询问。

4.先进的包裹管理服务

UPS 建立的亚特兰大"信息数据中心"可将 UPS 系统包裹的档案资料从世界各地汇总到这里。包裹送达时,员工借助"传递信息数据中心",使包裹投递实现了无纸化操作。

5.包装检验与设计服务

UPS 设在芝加哥的"服务中心"数据库中,各种包装案例如抗震的、抗挤压的、防泄漏的等应有尽有。服务中心还曾设计水晶隔热层的包装方式,为糖果、巧克力的运输提供恒温保护;用坚韧织袋包装,为 16 万台转换器提供了经得起双程磨损的材料。这类服务为使用快递业务的企业节省了材料和运费,被誉为"超值服务"

一、快递市场发展趋势

电子商务的迅猛发展,给快递市场带来了巨大的商机,同时也带来了挑战。面对竞争日益激烈的市场现状,如何把握住先机占有客户群,是当前每个快递企业首先要考虑的重要问题。分析当前快递市场的特点、了解客户的需求、掌握快递业务的发展趋势是企业进行客户开发的首要任务。当前快递市场发展的趋势主要有以下几个方面:

1.综合化

快递企业组织形式的不断创新,最为直接的表现就是第三方快递在社会经济活动中扮演了一个重要的角色,在国际快递产业中的地位日渐突出,由此产生了一大批集成快递商,他们实现了各种快递功能的整合化,运作上使铁、陆、空各种运输方式一体化。

2.国际化

在经济发达国家,快递企业呈现出在全球并购其他快递企业的态势,以机能整合的综合快递为主导。随着世界经济一体化,快递企业的发展呈现出国际化倾向:快递市场与用户国际化、快递业务国际化、快递企业国际化。

3. 网络化

电子商务与快递的衔接日益紧密,电子网络逐渐成为快递网络实现和运行的有效载体。其产业组织,由快递企业内部网络、快递企业外部网络及快递企业内外部网络等构成。

4. 个性化

快递企业的发展培育出一大批快递产业组织群体,他们借助现代快递理论与管理技术,进行供应链全过程的个性化管理和规划,向社会提供个性化快递菜单式服务项目,具体包括企业对企业的个性化快递和企业对消费者的个性化快递。

5. 信息化

快递信息化,主要表现在:一方面信息是商流、快递、资金流的媒体,另一方面信息服务成为快递服务活动中的重要组成部分。此外,快递业务更加依赖于可以共享的信息,大量的信息传播和交换可以提供更多的商业机会,并能降低快递成本。

6. 自动化

快递企业技术高级化和自动化,主要表现在快递业务活动凭借现代科学技术手段和方法,对整个活动进行了自动化管理,具体体现在作业的自动化和快递管理的自动化。

促进快递企业发展的主要因素包括社会经济的发展、科学技术的进步、市场规模和需求的扩大等,特别是市场需求的进一步扩大,为其发展带来了前所未有的空间,使快递企业呈现出显著快速的增长趋势。

二、客户需求调查与分析

快递企业的持续健康发展,离不开快递客户的支持。通过调查掌握快递客户的需求,对于快递企业提高客户开发质量、满足客户需要等尤为重要。

(一) 调查与分析的目的

(1) 明确企业业务现状、产品特点;

(2) 了解快递行业现状,预测快递发展趋势;

(3) 了解客户需求特点,发现和识别市场开发机会;

(4) 了解客户满意程度,收集客户的意见与建议;

(5)建立客户信息系统,收集、研究市场信息和客户信息;

(6)评价市场开发机会,从企业任务目标、成本价格分析、竞争对手分析等角度评价。

(二)调查与分析的步骤

调查与分析的步骤主要包括制定调研方案、实施调查工作、分析运用调查结果三个方面。

1.制定调研方案

(1)明确调查分析目的;

(2)确定调查对象;

(3)选择调查方式;

(4)制定调查方案;

(5)确定统计、分析工具与方法;

(6)设计调查问卷与访谈提纲。

2.实施调查工作

(1)调查实施前培训;

(2)调查前准备各项工具;

(3)进行客户调查;

(4)整理调查结果。

3.分析运用调查结果

(1)汇总调查结果并录入信息;

(2)调查结果分析与运用。

(三)客户需求调查的方式

快递企业对客户需求调查的方式可分为当面调查、网络调查、电话调查和问卷调查。具体调查方式及其工作规范如下:

1.当面调查

(1)调查说明。业务员亲自登门,按事先设计好的问卷依次发放,请被调查者回答。

(2)调查时机。业务员在收派快件时根据客户服务部设定的调查时间进行调查。

(3)注意事项。礼貌询问客户有无时间,请其配合填写问卷,及时解释说明填写的疑惑,感谢客户的合作。

（4）调查特点。当面调查回答率高、成本高、质量高,但拒绝访问率也比较高。快递企业可根据企业现状进行选择。

（5）所需技巧。当面调查所需技巧包括沟通技巧、会面礼仪、问题追问技巧、回访约定技巧等。

2. 网络调查

（1）调查说明。将调查表通过网络发给被调查者,由被调查者填妥后提交的一种调查方法。

（2）调查时机。根据客户服务部制定的调查时间进行调查。

（3）注意事项。调查前合理设计好问卷,做好问卷回收工作,尽量节约收件人的上网时间。

（4）调查特点。比较客观、直接,但是网络调查问卷不能对某些问题进行深入讨论和分析。

3. 电话调查

（1）调查说明。按照事先设计好的问卷,通过电话向被调查者询问或征求意见的调查方法。

（2）调查时机。根据客户服务部制定的调查时间,以不妨碍客户工作、休息为原则。

（3）注意事项。电话调查时要明确电话礼仪、沟通记录要求,选择好最佳时间,避免引起客户的不满。

（4）调查特点。电话调查取得信息快、节省时间、回答率较高,但询问时间不能太长。

（5）所需技巧。电话调查需要沟通技巧、抓住提问重点、敏锐捕捉客户信息。

4. 问卷调查

（1）调查说明。调查人员将问卷当面交给被调查者,由被调查者自行填写,再由调查人员约定时间收回的调查方法。

（2）调查时机。根据客户服务部制定的调查时间进行调查。

（3）注意事项。确定回收问卷的时间与方法,避免时间过长,影响回收率。

（4）调查特点。留给被调查人员充分独立的思考时间,避免被调查者受到倾向性意见的影响。

（5）所需技巧。问卷调查所需的技巧包括:沟道技巧、会面礼仪等。

(四) 建立客户数据库

（1）根据调查的信息建立客户数据库。客户数据库是业务员了解市场的重要工具之一。通过客户数据库,业务员可以连续地了解客户情况,从中看到客户的购买动态,从而对客户作出判断,并采取相应的行动。

(2)客户数据库的建立和分析能够帮助业务员寻找新的客户。在数据库的建立过程中,许多客户的数据是通过其他的外部渠道获取的。客户数据库中不但包含着业务员既有的客户,而且记录了许多潜在的客户信息,这些潜在的客户最有可能成为最终的客户,业务员可根据数据库中的资料和信息进行客户分析。

(五)加强客户信息管理

(1)高度重视客户信息的价值。面对当前快递业激烈的市场竞争,快递企业需将以产品服务为中心转移到以客户为中心,认真整理、分析客户信息,注重挖掘客户信息价值,可有效提高竞争力,为企业赢得有利的竞争地位。

(2)注重对客户静态信息的整理与利用。积累整理静态客户信息,筛选现实客户和潜在客户;围绕重点客户进行营销,使宣传营销活动有的放矢,降低营销成本。

(3)加强对客户动态信息的追踪。发现潜在的大客户,通过重点开发形成现实的大客户;对原有大客户进行更加细致的分析和管理,以形成稳定的客户群;建立快速、准确的客户信息处理系统,利用现代化信息技术提升市场竞争力。

(4)整合企业资源,提高管理水平。实现全网数据共享,并按照客户资料对客户进行信息外包,包括语音和短消息两种形式,通过节假日的主动问候、促销信息的发布和新业务的拓展等,给客户留下良好的印象,有效提高管理水平,降低运营成本,提高竞争力。

(5)保证客户信息的安全。快递企业应当保护用户的信息安全和通信秘密,确保所掌握的用户使用快递业务的信息不被窃取、泄露。未经法律明确授权或者用户书面同意,快递企业不得将用户使用快递业务的信息提供给任何组织或者个人,但公安机关、国家安全机关、检察机关依法行使职权的除外。快递企业如果允许各级部门的人员都可以访问企业的统一数据库那是非常危险的,必须有一套用户身份、操作权限、业务范围的验证、授权、安全审计策略的系统。

(6)尊重客户的隐私权。随着快递企业实施客户关系管理和电子商务的深度和广度的扩展,现在已经出现了诸如对客户数据收集过度、滥用客户数据等侵犯客户个人隐私权的现象。这样,快递企业必须重新考虑自己的数据收集及使用策略,时时注意不能侵犯到客户的个人隐私权。严格保护客户的信息,不得出售、对外公布、泄露客户信息等,否则,应承担法律责任。

三、客户开发

(一)制订客户开发计划

快递客户开发计划应包含以下内容：

1. 选择客户

客户的选择或者说目标客户的定位，是快递客户开发工作的基础。在不同阶段，快递企业选择的客户群是不一样的。在快递企业发展初期，往往先选择中、小型客户；而企业发展到一定规模时，则将中、高端客户群或大客户作为开发对象。

2. 选择沟通方式

当积累了一定数量的客户后，快递企业需要确定与客户取得联系的方式并取得客户的信任。与客户取得联系的方式可采用电话联系、上门拜访、直邮广告（DM）、派件服务等形式。

3. 制定时间表

时间表可以规范快递开发工作的进展。时间表的好处在于有规定的期限，使业务人员能够更好地把握自己的工作进度。在制定时间表时，需要有一定弹性，力求能够严格按照规定时间完成规定的客户开发工作。时间表虽然是根据不同的客户来制定的，并不一定适合每一位客户，应根据工作的进展适时调整。时间表主要包括：计划的制定与总体时间安排；计划施行的具体时间段，如准备工作（材料的搜集整理等）时间、客户的沟通与反馈整理时间、效果评估时间等；阶段总结与开发效果评估的时间等。

4. 制订客户开发策略

客户开发策略一般有以下三种：

(1)分两步走策略。

分两步走策略指的是对于那些刚进快递业的客户，在客户成员的选择上不必固守一步到位的原则，允许市场上客户对快递企业以及快递员有个认识、接受、欣赏的过程。第一步，在与客户交易初期，接受所有客户的交易合作；第二步，待到时机成熟，与客户多次接触、交易后，与客户从陌生到认识再到熟悉，进而逐渐把客户转变为忠诚的客户。

(2)亦步亦趋策略。

亦步亦趋策略指的是快递企业采用与某个参照公司相同等级的快递业务，而这个参照公司多为该企业所在的行业的市场领先者，行业中的市场领先者通常是快递业务中的领先者，所推广的业务必定有其特色之处，应是快递员需要学习的。

（3）逆向拉动策略。

逆向拉动策略指的是从有需求的客户开始，通过高效的快递和优质的服务，实现客户更大的满意度，通过良好的客户口碑以拉动客户周围群体的策略。一般情况下，实力强的快递企业适合采取这一策略。

企业可以根据自己的实际情况选择客户开发战略，而客户开发战略的拟订和选择需要根据快递企业竞争情况、自身资源状况而定。

5. 效果评估

效果评估主要包括：对客户反馈的意见加以分析并找出企业存在的问题，客户是否愿意进行电话交流，客户是否打电话询问更详细的问题或提出更多的要求，客户是否要求企业作出快递服务预案等。

客户开发工作不可能一蹴而就，需要逐步推进。快递客户开发计划的目标要适度，否则会造成两大弊端：一是业务人员产生急功近利的思想；二是任务过重完不成会损害业务人员的积极性，不利于客户的开发。客户开发计划制定的步骤，可以采用潜在新客户开发计划拟定的模板，如表 3-1 所示。

新客户开发计划制定的模板   表 3-1

新客户开发（数量）
根据客户开发计划表总结出以下内容：
1　确定目标客户
1.1　确定目标客户的行业、类型、规模及业务偏好
1.2　为现有的快递产品寻找新的客户
1.3　满足现有客户对新产品的需求
1.4　开发新的快递产品满足新的客户需求
2　制定客户开发计划
2.1　分析客户需求
2.1.1　客户需要的快递产品和要求
2.1.2　客户目前使用的同类快递产品的分析（包括：快递产品的种类、特点、价格等）
2.1.3　客户状况分析（包括：快递业务量、财务状况、信用分析等）
2.2　分析企业自身能力（包括：服务水平、服务范围、信息网络技术、运营能力等）
2.3　确定开发过程
2.3.1　制定具体的开发步骤和时间
2.3.2　指定开发关键行动措施的实施负责人

（二）客户开发计划制订的原则

在开发客户之前，要确定好开发对象的范围，也就是要进行市场细分，提高寻找潜在客户的效率，要使细分后的市场对企业有用，应遵循以下原则：

（1）实用性。快递客户开发计划方案必须保持其实用性。为使客户开发计划具有实用性，必须围绕经营目标确定工作方针，根据方针来制定快递客户开发方法。

（2）创新性。创新是民族进步的灵魂，是快递企业兴旺发达的不竭动力。随着经济社会的发展，客户对快递服务的要求不断提升，快递市场的竞争态势不断变化，快递企业营销人员开发客户的难度也在不断增加。制定客户开发计划要适应新形势变化的需要，不断创新，与时俱进。

（3）效益性。是指企业所选定的快递市场部分的规模必须足以使企业能获得更多利益。如果细分的快递市场的规模很小，不能给企业带来足够的经济利益，一般就不值得细分和开发。

随着市场竞争的日趋激烈，业务员要想发掘更多的客户，就必须注意身边的人和事，想办法接近关键人物，成为他们的朋友，选好目标客户，才能从中甄选出潜在客户。要学会通过老客户移展新客户，它的作用往往比广告更有效。对正在开发中的客户，必须建立潜在客户的资料档案，并对潜在客户进行市场细分，列出重点，以便有计划、有步骤地开展营销活动。

（三）客户开发计划制定应注意的事项

（1）快递客户开发计划要明确所需要的支持。客户开发过程中必然会遇到很多困难，单靠个别业务人员的个人能力是无法完成的，需要整个团队协同作战。这就要求企业不仅要提供人力支持，同时还要有资金和政策上的支持，应明确人员分工、资金投入、策略运用等，才能使客户开发工作不是无源之水、无本之木。

（2）快递客户开发计划要有目标、可预见效果及对客户的后期影响评估。用具体可量化的数字能够使决策者直观地了解所要开发客户的状况；通过对客户开发计划的可预见效果分析及对客户的后期影响评估，便于决策者作出切实可行的决定。

（3）制定快递客户开发计划应准备相应的材料。包括一份详细的企业简介；企业的基本快递物料材料（如文件袋/封、安全包装材料等）；详细的信息反馈卡等，以确定快递客户的价值取向，完善快递客户开发的相应流程。

（4）制定一个好的快递客户开发计划，还需要业务部门深入客户调查研究，结合快递市场的发展以及企业的实际情况适时调整完善计划，及时总结创新。

(四)客户开发的方式

良性发展的企业必然要求新的市场空间,老客户存在流失的必然性,其一,老客户因自身的业务萎缩减少需求;其二,市场变化,老客户有可能选择别的公司合作。新客户带来的增长空间巨大,所以,开发新客户十分有必要。常用的客户开发方法有很多种,如逐户寻访、拜访、广告开发、网络推广、短信开发、直邮、面谈法等。不同类型的客户开发方法有着各自不同的适用条件和优缺点。

1. 线上平台类

(1)公众网络推广:利用商业网站、行业协会网站、商会网站、专业网站、区域网站、展会网站及区域组织网站等,来进行客户开发。

(2)自媒体推广:利用微博、即时聊天(脸书、推特、领英、同学录等)、视频网站等自媒体形式,来进行客户开发。

(3)自主开发:通过海关数据、各种平台渠道获取的客户信息,投递开发信等。

优点在于突破地域和时间限制,成本较低,传播效果较好。缺点在于过于虚拟化,顾客无法获得真实体验。

2. 线下平台类

(1)拜访:通过网络 、软件语音、线下等方法直接沟通,运用谈话技巧进行客户开发。

(2)短信发送:利用短信软件、电信公司软件和网页等,介绍公司产品信息或发布引起客户兴趣的信息。

(3)关联合作单位:同业不同品的其他公司或个人,相关联的组织机构(协会、展会公司)等,合作开发,共享或交换区域信息。

优点是可以更好地交互沟通,时间短,见效快,顾客体验感较强。缺点是需要大量人力物力财力,成本较高;会受时间和地域的限制,顾客选择较少,覆盖人群有局限。

3. 直面互动类

(1)搜索式拜访:针对前期调研的某一特定区域进行地毯式拜访,到达挖掘客户的目的。

(2)目的式拜访:经过调查和分析,对某一个或某一些客户有了较为翔实的了解后,进行专属拜访,以达到达成合作意向或促使成单的目的。

(3)展会会议:举办或参加产品展会、贸易洽谈会、产品推介会等等,宣传自己的产品和公司理念,来进行客户开发。

4.连锁效应

(1)转介绍:通过维护好老客户,以达到宣传和介绍其他需求客户的目的。

(2)二次开发:通过对老客户市场区域的开展预判,推荐扩大客户需求,达到二次拓展开发效果。

(3)分析扩展:通过现有客户信息调查分析上下游关联关系网,从而找到更有价值客户。

第二节 客户维护

一、客户满意度调查

一个快件从消费者手中寄到另一个消费者手中需要经过很多环节,其中消费者能够接触并感知到的环节主要有四个,分别是受理、揽收、派送和售后。其中售后环节因为派送结果的不同,多数消费者也只能感知到少数的服务,比如查询等。其实在消费者看来,快递服务还差一个环节,这就是派送信息的反馈,即派送证实服务。对于派送方的消费者来说,他们需要这样一个反馈服务。派送反馈至关重要,不可缺少。如果没有信息反馈,消费者只能自己查询或接受反馈,否则就无法知道快件是否准时、安全地送达。目前有的企业已实现了派送证实服务,并取得了较好的效果。要留住客户,占有更多的市场份额,就要不断地完善快递服务链,了解客户需求,提高客户满意度。

(一)收派服务质量考核指标

如何评价快递企业服务质量来提高服务水平已成为快递企业提高自身竞争力的关键因素,而对快递企业服务质量进行评价,首先要建立评价指标体系。本着系统性、层次性、科学性、代表性的原则,通过专家打分法和层次分析法得出快递企业服务质量评价指标的五个一级评价指标为:经济性、时间性、安全性、便利性和服务能力。

1.经济性

对于大多数快递客户来说,价格仍然是他们会首先考虑的因素之一。即便是有些客户最看重的不是价格,但他们会根据快递公司提供的服务与收取的费用进行比较,来判断购买的服务是否经济合理。因此,经济性对于我国大多数快递企业来说是不可缺少的竞争优势之一。经济性下设一个二级指标:快件价格水平。

2.时间性

时间性是指快递员在客户指定的时间内将货物送达指定地点,是快递服务的本质要求,因此,时间性也是评价快递服务质量的一个重要方面。时间性的评价指标为两个:上门取件响应时间、货物准时送达率。

3.安全性

安全性是指快递企业能够在承诺的时间内把快递安全地送达客户手中,保证货物的完好性,以及快递服务是否保障了客户的个人信息不外泄等隐私权利。根据快递企业客户的要求,选取保护信息的安全性、货物完好程度这两个指标来评价快递的安全性。

4.便利性

便利性是指快递企业设置的服务场所、服务流程能否较好地为客户提供寄件、收件的便利。便利性的二级指标为:网点覆盖范围、服务时间的便利性、支付结算服务的便利性。

5.服务能力

服务水平是快递企业服务质量中重要的一个方面,它涉及快递服务的各个环节,影响着快递企业的整体水平。服务水平可以直接从客户感知的角度进行度量。根据整个环节客户的要求,其二级指标有三个:取送件工作人员的服务态度、订单跟踪查询能力、问题与投诉处理能力。

通过以上分析,得到了快递企业服务质量评价指标体系,如表3-2所示。

快递企业服务质量评价指标体系   表3-2

目标层	一级指标	二级指标
快递企业服务质量	经济性	快件价格水平
	时间性	上门取件响应时间
		货物准时送达率
	安全性	保护信息的安全性
		货物完好程度
	便利性	网点覆盖范围
		服务时间的便利性
		支付结算服务的便利性
	服务能力	收派件工作人员的服务态度
		订单跟踪查询能力
		问题与投诉处理能力

(二) 客户满意度调查的方法

客户满意度调查常用的方法主要包括:访问法、观察法、问卷调查法、委托调查法。

1. 访问法

访问法通过业务员直接拜访、电话访问及电子邮件的方式进行调查。

(1) 拜访法。业务员向被调查者面对面进行询问有关问题,并根据被调查者的回答当场记录的一种方法。采用此方法时,业务员首先要设计好专业问卷,并按顺序进行,否则无法实现调查的目的。

(2) 电话访问。每家企业都设立了客户服务中心,可在服务中心设置专线,企业可根据抽样规定向被调查者了解情况的一种方法。

(3) 电子邮件。客服中心或业务主管定期向客户以邮件的方式,向主要客户进行调研的一种方式,调研的内容可以多样化。

2. 观察法

企业调查人员凭借自己的观察,在调查现场直接记录正在发生的市场状况,以获得市场信息的一种方法。

3. 问卷调查法

问卷调查法是通过向被调查客户发出简明扼要的征询单(表),请其填写对有关问题的意见和建议来间接获得材料和信息的一种方法。

按照问卷填答者的不同,问卷调查可分为自填式问卷调查和代填式问卷调查。其中,按照问卷传递方式的不同,自填式问卷调查可分为报刊问卷调查、邮政问卷调查和送发问卷调查;按照与被调查客户的交谈方式的不同,代填式问卷调查可分为访问问卷调查和电话问卷调查。问卷调查法模板如图3-1所示。

4. 委托调查法

委托第三方专业机构进行调查。此种调查方法的主要优点为能够真实了解客户的心声,以及对企业的意见和建议,但费用成本相对较高。

(三) 满意度调查的主要环节

客户满意度调查是评价客户满意程度的依据,开展调查应做好以下几个环节的工作:

（1）明确调查范围和调查主题；

（2）拟定影响客户满意度的因素及其重要性程度；

（3）设计专业问题；

（4）对调查结果进行验证。

> 您好！我们是××快递企业市场营销调研小组，正在进行一项有关快递企业客户服务满意度的调查。您的意见对我们很有帮助，希望您可以抽空帮我们做一下问卷，只需要耽误您几分钟的时间。谢谢！
>
> 第1题　你是否使用过快递企业的快递业务？
> 　　　　○是　　　　○否
>
> 第2题　（多项选择题）您所选择的快递企业最吸引您的地方是哪一项？
> 　　　　□速度　　□价格　　□态度　　□方便　　□其他
>
> 第3题　（多项选择题）假如您需要快递物品，您通常选择以下哪个企业？
> 　　　　□EMS　　□顺丰　　□圆通　　□韵达　　□申通　　□宅急送
> 　　　　□汇通　　□中通　　□DHL　　□UPS　　□其他
>
> 第4题　您向服务人员提出服务要求或咨询问题时，对方是否给您满意的答复？
> 　　　　○是　　　　不是
>
> 第5题　您认为服务人员的态度如何？
> 　　　　○冷漠　　○态度恶劣　　○一般　　○热情友好
>
> 第6题　你是否曾遇到货物丢失的情况，有没有得到解决？
> 　　　　○是，企业总是找借口不解决问题，也不赔偿　　○丢失过，很快就解决
> 　　　　○从未丢失过
>
> 第7题　您寄送物品时，快递企业以何种方式取货？
> 　　　　○上门取件，但取件速度较慢　　　　○上门取件，方便快捷
> 　　　　○需自己送营业网点，比较麻烦
>
> 第8题　您认为送快件速度如何？
> 　　　　○快速，有时还能提前　　○准时　　○较慢
> 　　　　○延期时间长，总是需要催
>
> 第9题　您通常使用快递业务时的费用是：
> 　　　　○30元以上　○<=20元　○<=30元　○<=10元
>
> 第10题　您选择的快递企业的快递费用您觉得：
> 　　　　○相对便宜　○适中　○稍贵

图3-1　问卷调查法模板

（四）满意度调查的主要内容

开展满意度调查，调查的项目应能准确反映以下内容（如表3-3所示）：

（1）客户的基本情况、使用产品的特征；

（2）对企业产品和服务满意的程度；

（3）是否会向你的朋友推介这种产品；

（4）还应该提供哪些需要的服务；

（5）对企业产品和提供的服务有哪些不满意，并提出建议；

（6）有待改进的方面有哪些。

客户满意度调查栏目表 表3-3

调查目标	调查内容
基本项目	包括客户的基本情况、使用的快递产品、产品取得方式及时间等
产品特征	包括快递产品的性能、价格、安全性、时效性等
服务质量	包括服务承诺、服务内容、响应时间、服务人员态度等
是否会向你的朋友推介这种产品	包括客户的忠诚度、企业在客户心目中的口碑等
还应该提供哪些需要的服务	包括快递产品、客户服务等方面
有待改进的方面	包括产品、服务、客户关怀等方面
总体满意度	客户对企业总体的满意度评价
意见或建议	请客户提出有关意见,并对企业提出宝贵建议

(五) 如何提高客户满意度

从目前国内快递企业营销情况看,对如何留住客户这一工作做得还很不足,由于竞争激烈,大多数企业忙于拓展新的业务,试图通过更大市场占有率来与跨国巨头们相抗衡,从而忽视了留住客户、建立忠实于自己的客户群的重要性。因此,快递企业在实施客户关系营销策略时,首先应当重视对客户忠诚及忠诚客户群的培养,提高客户的满意度。把赢得客户、维护客户、将一次性客户转化为长期客户、将长期客户转化为终身忠诚客户作为企业竞争的重点。怎样才能提高客户满意度呢?这就要求快递企业认真抓好对客户需求的了解,做好以下几个方面的工作:

(1)预先考虑客户需求,树立以客户为中心的思想。客户是企业的资源,是企业生存的命脉。以客户为中心就是要想客户之所想,关怀客户,随时满足客户的需求。给客户提供个性化产品和服务。首先要考虑客户需要什么,其次要根据客户不同需求提供个性化的产品和服务。

(2)增强客户体验。对客户体验的关注,就是在客户实施购买的过程中,为客户全过程、全方位地提供优质服务,要抓好业务受理、投递、售后服务三个环节。

(3)制定合理有效的服务质量标准。服务的无形性特征是服务质量难以管理的重要原因。实物产品不良,有实物可以作为证据,但是服务在提供之后随即消失,很难显示出其质量不良的程度。因此,企业要对服务质量进行管理,就必须制定出合理有效的服务质量标准。

(4)把提高客户满意度纳入企业战略范畴。战略是企业持续、长久发展的保证,由于客户满意度影响快递业务,并最终影响企业获利能力,因此应纳入快递企业战略管理。把客户满意作为快递企业的一项长期工作,体现在快递企业的一切业务流程中,从组织、制度和程序上予以保证。

(5)建立客户档案、实行客户数据管理。客户数据库是进行客户服务、客户关怀、客户调查的基本要求。努力使客户数据库从无到有,逐步完整、全面,否则,客户满意无从谈起。

(6)加强客户沟通与客户关怀。企业要完善沟通组织、人员和制度,保证渠道畅通、反应快速。

(7)分析客户满意因素。采取针对措施,对本企业产品特点与竞争对手情况,详细分析和列出不满意因素、满意因素与非常满意因素。采取必要措施杜绝不满意因素,增强满意因素与非常满意因素,从而提高客户满意度。

(8)经常性客户的满意度调查。由于市场环境经常发生变化,如技术进步、竞争对手变化等,经常性客户的满意度调查有助于企业及时发现问题,采取相应对策,避免客户满意度大幅度下滑。一般每季度开展一次客户满意度调查比较合适。可以把全面调查与有重点、分主题调查交叉进行。

(9)控制客户期望值。提高客户满意度的关键是快递企业必须根据自己的实际能力,有效地控制客户对产品或服务的期望值。快递营销人员应该控制客户的期望值,尽可能准确描述产品与服务,不要夸大产品的性能、质量与服务,否则只能吊起客户的胃口,效果适得其反。

(10)积极解决客户抱怨。绝大多数快递企业,只妥善解决了10%的客户抱怨,而剩下的部分给企业带来了或多或少的负面影响。因此,企业应在负面影响之前制定措施,给客户提供抱怨的渠道,并认真对待客户的抱怨,规定对客户抱怨的响应时间、处理方式等。

【案例3-1】

　　王先生寄出一票快件地址超范围且收派员未告知客户,因此件很急客户一定要求马上送到。

客服人员:您好! 我是某快递企业客户服务人员,请问王先生在吗?

客　　户:我是,有什么事情?

客服人员:您好! 王先生,您在昨天给上海××公司的刘先生发了一个快件是吗?

客　　户:对呀,有什么问题吗?

　　客服人员:是这样的王先生,因为您收方客户的地址我公司暂未开通无法给您收方客户送到,而且我们联系您的收方客户也不同意到我们上海公司来自取,也没有可以改派的其他地址,您看这份快件我们如何处理啊?

　　客　　户:你们公司不是都送货上门的吗?怎么还让我们客户自己取,而且你们收派员收件的时候也没有告诉我这个地址你们不送,我不管,你们收的件你们就得给我送!

　　客服人员:不好意思王先生,我们知道快件送不到给您带来了麻烦,您看能不能联系您的收方客户提供一下我公司可以送到的地址,我们会尽快给您客户送到?

　　客　　户:没有改派地址,你们给我发大巴车,我可以让客户去接站,费用我也不会出。

　　客服人员:不好意思王先生,发大巴车无法保证快件的安全性,您看我们可不可以给您转寄其他快递企业,这样相对比较安全,如果您这里不能付运费的话我们可以让我们的责任人出,但是您需给我们出具一下免责证明。

　　客　　户:什么免责证明?内容是什么?说给我听听。

　　客服人员:是这样的王先生,因为这份快件是转由其他快递企业寄到你客户处,因不是我公司在操作,所以如转寄过程中出现一些问题我公司无法控制,需把我公司应承担的责任转移给其他快递企业承担,所以需您这里出一份转寄证明。

　　客　　户:怎么与你们无关,是你们公司收的件,怎么会跟你们公司无关。

　　客服人员:真不好意思王先生,快件是从我公司寄出,但您收方地址我公司送不到转由其他快递,转寄后我们会将此快递的单号告诉您,您也可以通过此快递企业来查询您的这份快件,因此转寄的过程是由此快递企业来操作,不是我们公司来掌控,所以需您提供这样一个证明我们才能安排转寄的,我把证明给您发过去,你签上字后给我回传回来,我们就可以给您安排了,您看可以吗?

　　客　　户:好吧,我的传真号是0311-××××。

　　客服人员:好的王先生,待有转寄单号后我们会第一时间通知您的,谢谢您的合作,祝您愉快!

　　客　　户:好,就这样吧!

　　与向客户承诺做不到的事情相比,诚实会更容易得到客户的尊重。因此需要注意客户的感受、意见及反应,若未能得到客户的认同,切勿生气或作出抗拒,这时我们真诚地向客户解释原因,寻求理解并获得客户的同意,以达到处理问题的共识。

【案例 3-2】

　　海陆空专业物流运输大型货运代理企业,因其特殊决定了在日常业务操作中会有客户投诉,如何处理好客户投诉并将投诉转为营销活动,自然也就成为大家共同关注的话题。

　　1. 日常业务中可能产生的操作失误。

　　(1)业务人员操作失误。计费重量确认有误;货物包装破损;单据制作不合格;报关/报验出现失误;运输时间延误;结关单据未及时返回;舱位无法保障;运输过程中货物丢失或损坏等情况。

　　(2)销售人员操作失误。结算价格与报价格有差别;与承诺的服务不符;对货物运输过程监控不利;与客户沟通不够,有意欺骗客户等。

　　(3)供方操作失误。运输过程中货物丢失或损坏;送(提)货时不能按客户要求操作;承运工具未按预定时间起飞(航)等。

　　(4)代理操作失误。对收货方的服务达不到对方要求,使收货方向发货方投诉而影响公司与发货方的合作关系等。

　　(5)客户自身失误。客户方的业务员自身操作失误,但为免于处罚而转嫁给货代公司;客户方的业务员有自己的物流渠道,由于上司的压力或指定货运方式而被迫合作,但在合作中有意刁难等。

　　(6)不可抗力因素。天气、战争、事故等造成的延误、损失等。

　　以上情况都会导致客户对公司的投诉,公司对客户投诉处理的不同结果,会使公司与客户的业务关系发生变化。

　　2. 对不同的失误,客户有不同的反应。

　　(1)偶然并较小的失误,客户会抱怨。失误给客户造成的损失较小,但公司处理妥当,使多年的客户关系得以稳定。

　　(2)连续的或较大的失误会遭到客户投诉。客户抱怨客服人员处理不当,而此时,客户又接到他的客户的投诉,转而投诉货代等。

　　(3)连续投诉无果,使得客户沉默。由于工作失误,客户损失较大,几次沟通无结果。如果出现这种情况,一般而言,通常会出现两种结果,一是客户寻求新的合作伙伴;另一种则是客户没有其他的选择,只能继续合作。

　　所有这些可以归纳为四部曲:客户抱怨、客户投诉、客户沉默、客户丢失。其实这种情况在刚出现时,只要妥善处理是完全可以避免的。因为当客户对你进行投诉时,就已经说明他还是想继续与你合作,只有当他对你失望,选择沉默,才会终止双方的合作。

阅读上述资料思考问题:

1.如何看待企业客户投诉?

2.从海陆空专业物流运输大型货运代理企业的日常业务操作失误的内容中,我们看到了物流企业客户服务的哪些特点?

二、客户投诉处理流程

投诉是客户对快递企业提供的服务不满意,向快递企业、快递协会或消费者协会提出请求处理的行为。首先,正确认识客户的投诉是对企业的信任,是客户对企业倾注感情的表现。它为企业提供了维护、改善客户关系的良机。其次,客户投诉的信息是企业宝贵的资源,它反映出企业在经营活动过程中存在的问题,为企业指出了改进的方向和措施。客户投诉处理流程:

(一)接受客户的投诉

(1)认真倾听客户的诉说、保持冷静,让客户体会到你的同情、理解,并真诚地说"对不起",以平息客户愤怒,换取客户的信任和理解。

(2)给客户以足够的关注与重视,记录如下信息:投诉人的姓名、地址和联系方式;投诉的理由、目的、要求;其他投诉细节。

(3)仔细了解整个事情的发生过程,在记录的过程中,应与投诉人核对信息,以保证信息的准确性。

(4)根据了解的情况,立即上报协调解决。

【案例3-3】

场景一:

客　　户(怒气冲冲):说好了送上门的,为什么你们的业务员还要我下去取……

客服人员(立场坚定):您好,您说的这种情况一般情况下是不可能的,但如果出现一定是有原因的……

客　　户(怒气升级):什么不可能,事实就是这样,难道还是我捏造。

客服人员(看似合理的理由):如果是这样我非常抱歉,肯定是我们的业务员害怕其他快件丢了才不上门的……

客　　户(怒火中烧):我管你那多,我交了钱你们就应该上来……

场景二:

客　　户(怒气冲冲):说好了送上门的,为什么你们的业务员还要我下去取……

客服人员:非常抱歉,一定给您带来麻烦了。

客　　户(稍稍息怒):那当然,我也有我的工作要做啊,就是因为你们能送上门我们才选择你们的。

客服人员:感谢您对我们的支持! 同时非常抱歉,他的这种行为确实违反了我们公司的规定,但他有可能是为了保障随身所带的快件的安全才出此下策。但不管怎样感谢您给我们反映这个情况,我马上联系我的同事想办法给您送上去,您看怎样?

客　　户(基本平息心中的怒火):行吧,如果真是这样,也能理解,但是要跟我讲清楚,我是可以派人下去的……

接受客户的感受,让对方调整自己的情绪,并作出有利问题解决的判断和选择! 与其我们来安抚客户,给客户建议和答案,不如让客户自己安抚自己,自己作出选择。

在一个投诉事件处理过程中,客户对服务人员的接受一般有以下几个过程,如图 3-2 所示。

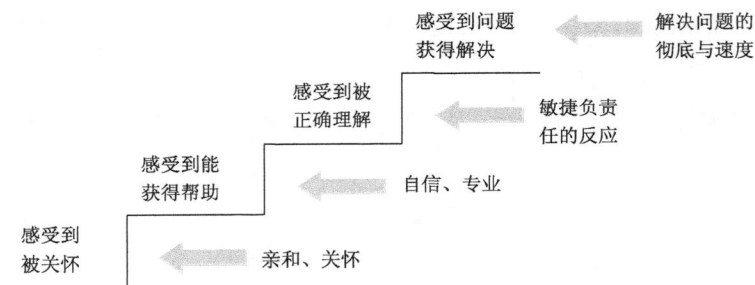

图 3-2　投诉事件处理过程图

从以上这个过程我们也同时看到了作为客户服务人员,要处理好客户投诉需要具备的素质和能力。各个环节中客户服务人员给客户的感受不仅仅是在问题处理中的技巧运用,同时也体现了对此类问题解决的知识面、态度和办事效率。因此,对于客户投诉事件的处理是我们综合素质和能力的体现。

(二) 受理客户的投诉

(1)慎重受理客户投诉是平息投诉事态的重要步骤。

(2)要保持良好的心态,不要让客户的情绪干扰正常的工作态度和情绪。

（3）针对客户的误解，耐心解释、传递必要的专业知识帮助客户消除误会。

（4）针对产品或服务中确实存在的缺陷和失误，应给客户一个合理的解释，并提出弥补的办法。

在受理客户投诉时，快递企业应记录好相关信息，如投诉人的姓名、地址和联系方式；投诉的理由、目的、要求等。注意采取正面积极的态度，控制情绪。因为我们会经常遇到性格暴躁，固执己见的客户，这个时候进行自我情绪管理很重要，因为只有调整了自我心态、情绪，才能管理好客户情绪，提高处理投诉的时效，以下是自我情绪管理与客户情绪管理的方法，如图 3-3 所示。

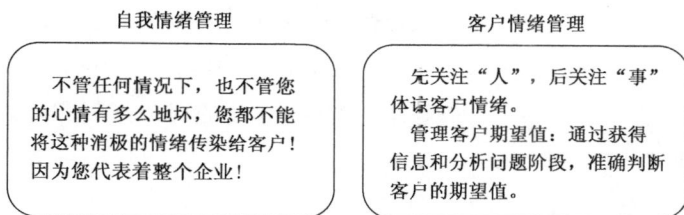

自我情绪管理

不管任何情况下，也不管您的心情有多么地坏，您都不能将这种消极的情绪传染给客户！因为您代表着整个企业！

客户情绪管理

先关注"人"，后关注"事"体谅客户情绪。
管理客户期望值：通过获得信息和分析问题阶段，准确判断客户的期望值。

图 3-3　自我情绪管理与客户情绪管理的方法

（三）分析客户投诉的原因

导致客户投诉的原因很多。从投诉的类型看，主要是"服务态度差""延误晚点""快件丢失和损坏"三大问题。从投诉的来源看，大部分投诉是来自电子商务"网购"快递。

1. 服务态度差

目前服务态度差已成为快递企业面临的首要投诉问题，通过对大量的投诉深入调查发现，"服务态度不佳"的原因与以下几个方面有关：

（1）服务热线过"热"。快递企业的服务热线难打是公开的秘密。客户在约定的时间内未收到物品或物品出现异样，自然会非常着急，所以，迫切地想通过企业的服务热线了解物品的走向、到达时间以及问题的解决方式等。当电话一次又一次地打不通或打通了无人接时，很多客户都会窝着一肚子的火。这时，即便客户打通了电话，如果接线员的态度不好，或者不能有效地解决问题，双方很可能会引发口角之争，客户由此对快递企业的服务态度产生不满。

（2）沟通技巧不佳。不能在约定的时间内送件或取件是快递服务中一种常见现象。目前，国内绝大部分企业出于运营成本考虑，给业务员配备的交通工具仅为助力车，由于一个业务员要负责一个片区，而收（送）件地往往又非常分散，业务员要花大量的时间在路上奔波，加上有些客户喜欢等业务员上门后才填写面单或包装物品，导致收件的时间很难控制。这时，业务员很可能无法及时赶到下一个收件地，因为未能在约定的时间内送（取）件，客户很可能会对业务员产生意见，而当业务员面对客户的质疑时，如果解释不好就可能引发客户对企业服务态度的不满意。

（3）回避的处理方式。当前，很多快递企业在对待客户物品损坏或丢失的投诉时，总喜欢以"能推则推，能拖就拖"的方式处理。如：某客户的物品在寄送过程中损坏，客户要求赔偿时，客服中心要用客户找市场部，市场部又要客户找客服中心，来来回回绕圈，客户因此对企业的服务态度极度不满。

（4）客户对服务要求的提升。随着生活节奏的加快，客户对快递企业所提供的服务提出了更高的要求。如：客户不仅要求快递企业能提供更加快捷、准时的服务，并且还希望企业的服务能热情周到，并具有人性化。然而，从大量客户反映的情况来看，目前，快递业所提供的服务显然还达不到客户的要求，尤其是企业的服务态度和处理问题的方式更是难以达到客户的期望。

（5）市场前景广阔，企业竞争不充分，导致服务意识不强。有人常把产品质量和售后服务比作汽车的前后轮，一个都不能少，其实，这个比喻往往适用于市场竞争非常充分的行业。快递业作为一个新兴产业，发展前景非常广阔，据调查显示，我国快递业需求旺盛。在这种情况下，企业只需要拥有更多的网点便可拥有大量的业务，服务态度的好坏并不能从根本上左右企业的经营。所以，部分企业往往更重视市场拓展，而不是把精力花在提升服务质量上。

对于服务态度的投诉，相关企业只要努力提高从业人员的素质，加强员工服务意识的培养，并且强化赔偿机制，减少客户赔偿等待时间等，都可以有效地减少这方面的投诉。

2. 快件延误晚点

快件的"延误或晚点"是目前快递行业普遍存在的问题，出现这种情况的原因除了平常大家提得最多的运输途中不确定因素带来的延误外，通过对大量投诉案例的分析，还发现下列几种情况也是导致快递行业准点率不高的重要因素：

（1）现代社会的节奏越来越快，要求企业能够提供与之匹配的服务。如：以前部分企业推出的"次晨达"等类业务，可以作为拳头产品，而如今，这类服务已经成了快递企业从业的基本门槛。服务时间的大为缩短，给企业的服务提出了更高的要求，更增加了企业执行的难度。另外，国内快递企业拥有自己的运输飞机等强大的运输体系的较少，所以，长途运输的准确时间很难确保，在运输过程中，任何一个环节出了问题，都可能造成快件的晚点或延误。

（2）行业竞争的加剧导致部分企业虚报服务时间。通过调查发现，部分中小快递企业因为缺乏竞争力，不惜做出一些虚假的承诺以吸引客户。如：一些需要通过其他物流企业转运寄送物品的公司，因为增加了转运的时间，所以，寄送时间可能比较长。为了吸引客户，这些公司将明明需要 3 天才能送达的地区，对外承诺为 2 天，"延误晚点"的情况在这些企业中不可避免。

3. 快件丢失和损坏

快件损坏大都是在运送中转和投递过程中造成的，其原因主要有以下几个方面：

（1）快递企业为了扩张市场，很多地方都是加盟形式，自负盈亏。由此总部对各加盟点的监管也出现真空地带，而出现丢货、损坏现象后，各网点都会从自身利益考虑敷衍处理，甚至不予处理。快递企业为了转嫁风险，很多企业都要求收件人在签收之后才能查看快件是否完好，但如果这时出现问题，快递企业一般都会以收件人已经签收、服务已经结束、责任难以鉴定等为由不予赔偿。

（2）快递企业目前的硬件保障设备还不完善。

（3）从业人员在运送过程中粗暴野蛮操作。因为投诉人大部分没有为快件购买保险，所以一般只能得到快递运费 2 到 5 倍的赔偿，有些客户是在签收后发现问题的，这类追偿往往无果而终。

不满意不一定投诉：客户对服务不满意，并不一定投诉，他们默默承受，悄悄离去。投诉的客户恰恰是对企业有一定期望和忠诚度的，他们的抱怨和投诉为企业提供了很有价值的信息，并帮助企业暴露不足，找到企业的症结。大多数客户在该投诉时选择沉默，部分客户不满时只向身边的人提出过，仅有少数的客户投诉通过客户服务部门传达。

投诉不一定是坏事：投诉的产生虽然不是 100% 企业的错，但是绝大部分反映了企业服务过程中存在的不足；投诉的良好处理还能为企业维护好老客户、争取回头客带来契机；投诉中我们还能获得商机，发现市场的空白点，如表 3-4 所示。

客户投诉和处理情况 表 3-4

客户投诉和处理情况	重购率（%）	离开率（%）
不满意，但没有投诉	9 ~ 37	63 ~ 91
提出投诉，但没有得到处理	19 ~ 46	54 ~ 81
提出投诉，问题获得解决	54 ~ 70	30 ~ 46
提出投诉，问题得到迅速处理	82 ~ 95	5 ~ 18

（四）为客户投诉提供便利条件

（1）制订明确的产品和服务标准及补偿措施。企业通过制订产品和服务标准，可以使客户明确自己购买的产品、接受的服务是否符合标准，明确自己是否可以投诉以及投诉后可以得到的补偿。企业执行上述标准的过程中，还能在客户投诉之前对产品和服务的缺陷采取相应补偿措施。

（2）引导客户怎样投诉。企业应在有关宣传资料上详细说明客户投诉的方法。它包括投诉的步骤、向谁投诉、如何提出意见和要求等，以鼓励和引导客户向企业投诉。研究表明，开发一个新客户的成本是维护一个老客户的 5 倍，而流失一个老客户的损失，需要争取 10 位新客户才能弥补。因此，我们应当鼓励客户在面临问题时能够向企业有关部门投诉。

（3）方便客户投诉。企业应尽可能降低客户投诉的成本，减少其花在投诉上的时间、精力、货币与心理成本，使客户的投诉变得容易，方便和简捷，投诉系统不能向客户要求过多的文件证据和额外的努力。企业还要了解客户更乐意用什么方式投诉，是邮寄、电话、电子邮件、传真还是面对面投诉，然后提供给客户乐于接受的投诉渠道，告知客户投诉的程序，更方便客户投诉。

（五）全力解决客户投诉问题

全力解决客户投诉的关键是要建立起灵活处理客户投诉的机制。包括：

（1）制定和发展员工的雇用标准和培训计划。这些标准和培训计划充分考虑了雇员在碰到企业服务或产品使客户不满意时应做的善后工作。

（2）制定善后工作的指导方针。目标是让客户受到公平的对待和使客户满意。

（3）去除那些使客户投诉不方便的障碍，降低客户投诉的成本，建立有效的反应机制。包括授权给一线员工，使他们有权对企业有瑕疵的产品和服务向客户做出补偿。

（4）维系客户和产品数据库。包括完备的客户投诉详细记录系统。这样企业可以及时传送给解决此问题所涉及的每一名员工，分析客户投诉的类型和缘由并且相应地调整企业的政策。

（六）反馈投诉处理结果

（1）按时效要求对处理结果进行反馈，是对客户投诉处理的落实和验证，同时也是企业诚信待客的一种手段。

（2）及时告知客户处理的结果，客户离开前，看客户是否已经满意。然后，在解决了投诉问题一周内，打电话或写封信给客户，了解客户是否依然满意。一定要与客户保持联系，把投诉转化为营销业绩，客户投诉得到了令人满意的解决之时，就是营销的最佳时机。

三、客户投诉的处理

(一) 常见问题处理

(1)快件发生问题致电客服中心时,告知客户先与派送网点联系。作好记录,督促派送网点及时与客户沟通。客户提供相关材料及遗失理赔申请,由企业高层领导作出理赔决定。

(2)客户询问赔偿金额时,向客户了解发件时是否有保险,如果有保险,需按照保险金额赔偿。没买保险的按照《中华人民共和国邮政法》及企业规定执行赔偿标准,既从客户角度考虑,也需维护企业的利益。

(二) 赔偿条件

在寄递过程中,发生延误、丢失、损毁、内件不符等情况时,快递企业应予以赔偿。

(三) 赔偿处理原则

快递企业与客户之间有约定的应遵从约定,没有约定的可按以下原则执行。

1. 快件延误的赔偿

快件延误的赔偿应为免除本次服务费用(不含保价等附加费用)。对内件含有时间限制的票据,如火车票、演出票等,因时间的延误导致直接丧失价值的,应按照快件丢失或损毁的标准进行赔偿。

2. 快件丢失的赔偿

快件丢失的赔偿,应免除本次服务费用(不含保价等附加费用),此外,还应:

(1)对于购买保价的快件,快递企业按照被保价金额进行赔偿;

(2)对于没有购买保价的快件,按照《中华人民共和国邮政法》《中华人民共和国合同法》等相关法律规定赔偿;

(3)造成客户其他损失的,按照相关民事法律赔偿。

3. 快件损毁的赔偿

快件损毁的赔偿应主要包括:

(1)完全损毁,指快件价值完全丧失,参照快件丢失赔偿的规定执行;

(2)部分损毁,指快件价值部分丧失,依据快件丧失价值占总价值的比例,按照快件丢失赔偿额度的相同比例进行赔偿。

4. 内件不符的赔偿

内件不符的赔偿主要包括:

(1)内件品名与寄件人填写品名不符,按照完全损毁赔偿;

(2)内件品名相同,数量和重量不符,按照部分损毁赔偿。

以上规定,是国家邮政局根据目前存在的客观情况,依据服务客户、方便客户的宗旨而提出的,旨在使快递企业和消费者都能有所依据,以有效解决目前服务中的热点问题。对于双方就赔偿达不成一致意见的,《快递服务》标准不是唯一的解决手段,可以依法选择投诉、申诉、仲裁和诉讼等方式解决,以进一步维护消费者和快递企业的合法权益,推动快递服务健康发展。

(四) 索赔的程序

快件在运输过程中发生的延误、丢失、损毁或是内件不符等情况,而导致快件失去其部分或是全部价值时,客户是有权利向快递企业索赔的,一般索赔可以分为以下几个程序:

1. 客户提出索赔申告

寄件人在快件发生延误、丢失、损毁、内件不符等情况时,可以依据赔偿规定向快递企业提出索赔申告。快递企业应提供索赔申告单给寄件人,寄件人填写后递交快递企业。

2. 快递企业索赔受理

快递企业应在收到寄件人的索赔申告单24小时内答复寄件人,并告知寄件人索赔处理时限。

3. 索赔处理时限

快递企业除了与寄件人有特殊约定外,国内快递服务、香港、澳门、台湾索赔处理时限应不超过30个日历天。对国际快递服务的索赔处理时限应不超过60个日历天。

4. 赔偿金支付

快递企业与寄件人在理赔金额达成共识的情况下,快递企业应在7个工作日内将赔偿金支付给寄件人或寄件人指定的受益人,与用户有约定的除外。同时寄件人签署收到,快递企业予以备案。

5. 赔偿争议的解决

对需要赔偿的物品,快递企业并不是完全按照货物的本身价值进行赔偿,而是参考客户在托运快件的过程中是否选择保价,有区分地对快件进行赔偿,如客户选择保价,则根据客户保价金额在对物品损失确定后,对快件进行赔偿。如若是快件未进行保价,则由快递企业与客户协商解决。协商不一致的,可依法选择以下途径解决:

(1)请求消费者协会调解;

(2)向有关行政部门申诉;

(3)根据与经营者达成的仲裁协议提请仲裁机构仲裁;

(4)向人民法院提起诉讼。

(五)免责条款

(1)由于客户的责任或者所寄物品本身的原因造成快件损失的;

(2)由于不可抗力的原因造成损失的;

(3)寄递的物品违反禁寄和限寄的规定,经主管机关没收或依照有关法规处理的;

(4)客户自交寄快件之日起满一年未查询又未提出赔偿要求的,快递企业不承担责任。

(六)处理客户投诉的沟通技巧

在处理客户投诉时,有效而成功的沟通是圆满处理客户投诉的关键。常用的沟通技巧有以下几种:

1.换位法

换位法就是站在客户的角度找出问题所在,并最大限度地满足客户需要。不管客户的心情如何不好,不管客户在投诉时的态度如何,也不管是谁的过错,要做的第一件事就应该是平息客户的情绪,缓解他们的不快,并向客户表示歉意,努力恢复客户对服务的信赖,使客户体会到你在想办法为其考虑,并得到到客户的谅解。

2.移情法

通过语言和行为举止的沟通方式向客户表示遗憾、同情,在客户愤怒和感到委屈时送去精神安慰。如"我能理解你此时的心情""遇到这样的情况,我也会很着急"等去安慰客户。

3.全神贯注法

听取客户异议时要全神贯注,让客户感受到你对他的重视,以化解客户的不满。

4.引导征询法

引导征询法是一种为了平息客户不满,主动了解客户需求和期望,取得双方认同和接受的沟通技巧。

5. 平衡客户异议法

利用其他利益补偿客户来处理客户异议。客户的异议无可反驳，企业产品本身也不是尽善尽美，坦率地承认问题，提出措施，使客户损失得到充分补偿，使客户心里也得到补偿。

能够及时解决客户问题是最好的，但是有些比较复杂的问题或特殊的问题，我们不能确定该如何为客户解决。如果你不确定，你就不要轻易地给客户做出任何承诺，而是真诚地告诉客户，这个情况有些特别，你会努力地帮助客户寻找解决的方法，但是需要一点时间，然后，约定给客户回复的时间。在此要注意，在约定时间里一定要确保给客户回复，即使到时候你仍没有找到解决的办法，也要向客户作出解释和告知时间的进展情况，标明自己所做的努力，并再次向客户约定回复时间。

【案例3-4】

某客户向北京发的快件，收方签收后发现其中两个物品已破损，寄方客户开始要求企业按原价赔偿（约800元左右），并在两天内给予处理结果。

客服人员：您好，我是某快递企业的客户服务人员，我姓张，请问您是李先生吗？

客　　户：是的！

客服人员：李先生您好，关于您×月×日寄往北京的快件，由于运输途中造成的破损给您带来不便，我公司深表歉意，为了更快速地处理问题，我现在想了解一下您寄件时的相关情况，可以吗？

客　　户：可以，我当时寄的是10个MP3，都是用纸盒原包装的，里面还有气泡袋，优比特牌的，内存1G，价值……。

客服人员：谢谢您的配合，李先生您刚反映的情况我已做记录，贵公司是专业的MP3生产厂家，请问这两个损坏的物品是否还可以进行修复？

客　　户：如果没有完全压碎应该是可以修复的，但现在损坏的MP3还在收方客户那里，如果维修的话也会产生几十元的返修费。

客服人员：李先生根据我们公司北京派送快件的同事反映，收方收到快件时其他8个都是完好的，只是这两个外壳有点破损，我们先帮您免费退回，等您修复好后再帮您寄出一份同等运费的快件，您看怎么样？

客　　户：那只有这样了！

客服人员:为了方便您后期补寄快件,我稍后会传真一份免费补寄函给您,您签名盖章后再回传给我们好吗?

客　　户:好的,传真是……

客服人员:李先生再次感谢您对我们公司的理解和支持,我们公司后期一定会提高快件运输的安全,再见!

通常一个问题的解决方案不是唯一的,给客户提供选择会让客户受到尊重,同时,客户选择的解决方案在实施的时候也会得到来自客户方面的更多的认可和配合。

【案例 3-5】

李先生的一票快件昨天从大连寄往深圳,因为太急,8 点钟开始查件,连续 1 小时内查了 5 次,9 点钟收方仍没有收到,再次致电查询,客服代表接听电话后,客户却不愿意再次提供单号,坚持让客服代表帮她查,也不愿意多说一句话……

客服人员:您好,请问有什么可以帮助您?

客　　户:查件。(客户显得很不耐烦)

客服人员:请问您的运单号码是多少?(微笑)

客　　户:我打了几次电话上来,你们每个人都问过我了!现在我不想告诉你们,给我查吧!(客户开始激动)

客服人员:先生您好,请问您贵姓?

客　　户:李。

客服人员:没有单号我们无法正常查到快件的,请您提供一下单号,好吗?

客　　户:早上我查过 5 次了,你们多少个人在这上班,每个都问,我现在单号在手里,就是不告诉你,你给我查!

客服人员:真的很抱歉,李先生,没有单号我们无法查到快件。

客　　户:你们公司想怎么样,你自己去查,早上我打过很多电话,都没有帮我安排,你们这些人都干嘛用的?(怒火上升)

客服人员:没有单号就是查不到的,我们也无法帮到您。(怒火上升)

(七) 有效处理客户投诉的意义

1. 防止客户流失

市场竞争的实质就是争夺客户资源,快递企业提供的产品或服务如无法满足客户的期望,会造成客户因不满而向企业投诉。客户的投诉一方面要寻求公平解决的方案,另一方面说明客户对企业还抱有希望。对企业来说,客户的投诉为企业提供了恢复客户满意度最直接的补救机会,能够有效预防客户的流失。

2. 降低负面影响

客户对企业的产品或服务如有不满意,不但会终止购买企业的产品或服务,而转向企业的竞争对手,还会向他人诉说对企业的不满,给企业带来非常不利的影响。如果企业能够鼓励客户在产生不满时向企业投诉,为客户提供直接宣泄的机会,使客户的不满处于企业控制之下,就能减少客户向他人诉说的机会。

此外,服务人员应明白自己的职责,首先解决客户最想解决的问题,努力提升在客户心目中的地位及信任度。通过对专业知识的正确运用和对企业政策在不同情况下的准确应用,最终达到客户与企业都满意的效果,实现企业与客户的双赢。

附录一
我国海关禁止出口货物目录

序号	海关商品编码	名称	备注
1	05069090.11	已脱胶的虎骨（指未经加工或经脱脂等加工的）	
	05069090.19	未脱胶的虎骨（指未经加工或经脱脂等加工的）	
2	05071000.10	犀牛角	
3	05100010.10	牛黄	
4	05100030	麝香	
5	12119039.20	药料用麻黄草	
	12119050.20	香料用麻黄草	
	12119099.20	其他用麻黄草	
6	12122020.10	鲜发菜（不论是否碾磨）	
	12122020.90	冷,冻或干的发菜（不论是否碾磨）	
7	29031400.90	四氯化碳,用于清洗剂的	
	29031910.90	1、1、1-三氯乙烷(甲基氯仿)(用于清洗剂)	
	29034300.90	三氯三氟乙烷,用于清洗剂(CFC-113)	
8	44031000	用油漆,着色剂等处理的原木（包括用杂酚油或其他防腐剂处理）	
	44032000	用其他方法处理的针叶木原木（用油漆,着色剂,杂酚油或其他防腐剂处理的除外）	
	44034100	其他方法处理红柳桉木原木（用油漆,着色剂,杂酚油或其他防腐剂处理的除外）	
	44034910	其他方法处理的柚木原木（用油漆,着色剂,杂酚油或其他防腐剂处理的除外）	
	44034990	其他方法处理其他热带原木（用油漆,着色剂,杂酚油或其他防腐剂处理的除外）	
	44039100	栎木原木（用油漆,着色剂,杂酚油或其他防腐剂处理的除外）	
	44039200	山毛榉木原木（用油漆,着色剂,杂酚油或其他防腐剂处理的除外）	

序号	海关商品编码	名称	备注
8	44039910	楠木原木(用油漆,着色剂,杂酚油或其他防腐剂处理的除外)	
	44039920	樟木原木(用油漆,着色剂,杂酚油或其他防腐剂处理的除外)	
	44039930	红木原木(用油漆,着色剂,杂酚油或其他防腐剂处理的除外)	
	44039940	泡桐木原木(用油漆,着色剂,杂酚油或其他防腐剂处理的除外)	
	44039990	其他未列名非针叶原木(用油漆,着色剂,杂酚油或其他防腐剂处理的除外)	
9	71101100	未锻造或粉末状铂	以加工贸易方式出口除外
	71101910	板、片状铂	
10	44020000.10	木炭	原料为不为竹子的木材,不包括果壳炭、果核炭、机制炭等不以木材为原料直接烧制的木炭
11	25240010.10	长纤维青石棉	包括青石棉(蓝石棉)、阳起石石棉、铁石棉、透闪石石棉、直闪石石棉
12	25240090.10	其他青石棉	
13	29033090.20	1,2-二溴乙烷	
	29034990.10	二溴氯丙烷	1,2-二溴-3-氯丙烷
	29035900.10	艾氏剂、七氯、毒杀芬	
	29036990.10	多氯联苯	
	29036990.10	多溴联苯	
14	29089090.10	地乐酚及其盐和酯;二硝酚	
15	29109000.10	狄氏剂、异狄氏剂	
16	29159000.20	氟乙酸钠	
17	29189000.10	2,4,5-涕及其盐和酯	2,4,5-三氯苯氧乙酸
18	29190000.10	三(2,3-二溴丙基)磷酸酯	
19	29215900.20	联苯胺(4,4′-二氨基联苯)	
20	29241990.20	氟乙酰胺(敌蚜胺)	
21	29252000.20	杀虫脒	

续上表

序号	海关商品编码	名称	备注
22	29329990.60	二噁英	多氯二苯并对二噁英
	29329990.60	呋喃	多氯二苯并呋喃
23	250510000	硅砂及石英砂	2505 编码项下商品统称各种天然砂,不论是否着色,但含金属砂除外
	250590000	其他天然砂	
24	3101001910	未经化学处理的森林凋落物	包括腐叶、腐根、树皮、树叶、树根等森林腐殖质
	3101009020	经化学处理的森林凋落物	
25	2703000010	泥炭(草炭)	沼泽(湿地)中,地上植物枯死、腐烂堆积而成的有机矿体(不论干湿)
26	29221100	莱克多巴胺和盐酸莱克多巴胺	

资料来源:中国海关网站。

附录二
我国海关禁止出口货物目录（第六批）

（自 2021 年 1 月 1 日起实施）

序号	商品编码	商品名称	备注
1	2903820090	氯丹（ISO）	
2	2903830000	灭蚁灵（ISO）	
3	2903920000	六氯苯（ISO）	
4	2903920000	滴滴涕（ISO，INN）	
5	2903930000	五氯苯（ISO）	
6	2903940000	六溴联苯	
7	2914710000	十氯酮（ISO）	
8	2903810020	α-六氯环己烷（ISO）	
9	2903810020	β-六氯环己烷（ISO）	
10	2909309016	四溴二苯醚	
11	2909309016	五溴二苯醚	
12	2909309016	六溴二苯醚	
13	2909309016	七溴二苯醚	
14	2903810010	林丹（ISO，INN）	
15	2920300000	硫丹（ISO）	
16	3808520000	DDT（ISO）［滴滴涕 INN］	每包净重不超过 300 克
17	3824840000	含艾氏剂（ISO）、毒杀芬（ISO）、氯丹（ISO）、十氯酮（ISO）、DDT（ISO）［滴滴涕（INN）、1，1，1-三氯-2，2-双（4-氯苯基）乙烷］、狄氏剂（ISO，INN）、硫丹（ISO）、异狄氏剂（ISO）、七氯（ISO）或灭蚁灵（ISO）	
18	3824850000	含 1，2，3，4，5，6-六氯环己烷［六六六（ISO）］,包括林丹（ISO，INN）	
19	3824860000	含五氯苯（ISO）或六氯苯（ISO）的	

续上表

序号	商品编码	商品名称	备注
20	3808591020	零售包装含艾氏剂、毒杀芬、氯丹、滴滴涕、狄氏剂、硫丹、七氯、六氯苯、α-六氯环己烷、β-六氯环己烷、林丹或五溴二苯醚的货品	
21	3808599020	非零售包装含艾氏剂、毒杀芬、氯丹、滴滴涕、狄氏剂、硫丹、七氯、六氯苯、α-六氯环己烷、β-六氯环己烷、林丹或五溴二苯醚的货品	
22	3808911910	零售包装的含有灭蚁灵或十氯酮的杀虫剂	
23	3808919010	非零售包装的含有灭蚁灵或十氯酮的杀虫剂	
24	3824820010	含多氯联苯或六溴联苯的混合物	
25	3824880010	含四、五、六或七溴联苯醚的混合物	
26	8506101190	扣式含汞碱性锌锰的原电池及原电池组	汞含量≥电池重量的0.0005%
27	8506101290	圆柱形含汞碱性锌锰的原电池及原电池组	汞含量≥电池重量的0.0001%
28	8506101990	其他含汞碱性锌锰的原电池及原电池组	汞含量≥电池重量的0.0001%
29	8506109090	其他含汞二氧化锰的原电池及原电池组	汞含量≥电池重量的0.0001%，扣式电池的汞含量≥电池重量的0.0005%
30	8506300000	氧化汞的原电池及原电池组	
31	8506400090	氧化银的原电池及原电池组（含汞）	汞含量≥电池重量的0.0001%，扣式电池的汞含量≥电池重量的0.0005%
32	8506600090	锌空气的原电池及原电池组（含汞）	汞含量≥电池重量的0.0001%，扣式电池的汞含量≥电池重量的0.0005%
33	8506800091	含汞燃料电池	汞含量≥电池重量的0.0001%，扣式电池的汞含量≥电池重量的0.0005%
34	8506800099	其他含汞原电池及原电池组	汞含量≥电池重量的0.0001%，扣式电池的汞含量≥电池重量的0.0005%
35	8535301010	72.5kV≤电压≤220kV的隔离开关及断续开关,含汞	
36	8535302010	220kV<电压≤750kV隔离开关及断续开关,含汞	

序号	商品编码	商品名称	备注
37	8535309010	其他隔离开关及断续开关,含汞	用于电压超过1000V的线路
38	8536411010	电压≤36V的继电器,含汞	
39	8536419010	36V<电压≤60V的继电器,含汞	
40	8536490010	电压大于60V的继电器,含汞	用于电压不超过1000V的线路
41	8536500010	电压≤1000V的其他开关,含汞	
42	8539319110	紧凑型热阴极荧光灯	不超过30W、单支含汞量超过5mg的
43	8539399020	其他紧凑型冷阴极荧光灯	不超过30W、单支含汞量超过5mg的
44	8539319910	直管型热阴极荧光灯	低于60W、单支含汞量超过5mg的直管型荧光灯(使用三色荧光粉)
45	8539319920	直管型热阴极荧光灯	低于40W(含40W)、单支含汞量超过10mg的直管型荧光灯(使用卤磷酸盐荧光粉)
46	8539399030	其他直管型荧光灯	低于60W、单支含汞量超过5mg的直管型荧光灯(使用三基色荧光粉)
47	8539399040	其他直管型荧光灯	低于40W(含40W)、单支含汞量超过10mg的直管型荧光灯(使用卤磷酸盐荧光粉)
48	8539324010	用于普通照明用途的高压汞灯	
49	8539399011	用于电子显示的冷阴极管荧光灯	长度≤500mm的,单支含汞量超过3.5mg;500mm<长度≤1500mm的,单支含汞量超过5mg;长度>1500mm的,单支含汞量超过13mg
50	8539399050	用于电子显示的外置电极荧光灯	长度≤500mm的,单支含汞量超过3.5mg;500mm<长度≤1500mm的,单支含汞量超过5mg;长度>1500mm的,单支含汞量超过13mg
51	3304100020	含汞唇用化妆品(含汞量超过百万分之一)	

续上表

序号	商品编码	商品名称	备注
52	3304200020	含汞眼用化妆品（含汞量超过百万分之一），不包括以汞为防腐剂且无有效安全替代防腐剂的眼部化妆品	
53	3304300004	指（趾）甲化妆品（含汞量超过百万分之一）	
54	3304910010	粉状含汞化妆品（含汞量超过百万分之一），不论是否压紧	
55	3304990010	其他含汞化妆品（含汞量超过百万分之一）	
56	3401110010	盥洗用含汞亮肤肥皂（包括含有药物的产品），条状、块状或模制形状的，以及用肥皂浸渍、涂面或包覆的纸、絮胎、毡呢及无纺织物（含汞量超过百万分之一）	
57	3401199010	其他含汞亮肤肥皂，条状、块状或模制形状的，以及用肥皂浸渍、涂面或包覆的纸、絮胎、毡呢及无纺织物（含汞量超过百万分之一）	
58	3401200010	其他形状的含汞亮肤肥皂（含汞量超过百万分之一）	
59	3401300010	洁肤用有机表面活性产品及制品，液状或膏状并制成零售包装的，含有含汞亮肤肥皂（含汞量超过百万分之一）	
60	3808911210	零售包装的含汞生物杀虫剂	
61	3808911920	零售包装的其他含汞杀虫剂	
62	3808919020	非零售包装的含汞杀虫剂	
63	3808921010	零售包装的含汞杀菌剂	
64	3808929030	非零售包装的含汞杀菌剂	
65	3808931110	零售包装的含汞除草剂	
66	3808931920	非零售包装的含汞除草剂	
67	3808939110	零售包装的含汞抗萌剂及植物生长调节剂	
68	3808939910	非零售包装的含汞抗萌剂及植物生长调节剂	
69	3808940030	含汞消毒剂	
70	9025110010	含汞的可直接读数的非电子液体温度计	

序号	商品编码	商品名称	备注
71	9025191020	其他含汞的非液体的工业用非电子温度计及高温计	
72	9025199020	其他含汞的非液体的非电子温度计及高温计	
73	9025800010	含汞的非电子湿度计和气压计	
74	9026209020	含汞的非电子压力表	
75	9018902020	含汞的非电子血压测量仪器及器具	

附录三
邮件快件绿色包装规范

第一条 为深入贯彻习近平生态文明思想,落实习近平总书记关于快递包装绿色治理工作的重要指示批示精神,推进邮件快件包装绿色治理,促进资源节约利用,减少环境污染,根据《中华人民共和国邮政法》《中华人民共和国固体废物污染环境防治法》《快递暂行条例》以及《邮政业寄递安全监督管理办法》等有关规定,制定本规范。

第二条 邮件快件绿色包装坚持标准化、减量化和可循环的工作目标,加强与上下游协同,注意节约资源,杜绝过度包装,避免浪费和污染环境。

第三条 邮政企业、快递企业、经营邮政通信业务的企业(以下统称寄递企业)应当按照规定建立健全企业内部制度,明确包装管理机构和人员,在包装采购、操作、用量统计、宣传教育培训、检查考核奖惩等方面加强管理,切实履行企业主体责任,推进包装绿色应用和规范操作。

跨省经营的品牌寄递企业总部应当履行绿色包装工作统一管理责任,采取有效措施推进本品牌、本网络落实绿色包装工作要求。各品牌寄递企业在省、自治区、直辖市的区域管理机构,负责督促区域内本品牌和网络的经营单位落实绿色包装工作要求。

第四条 寄递企业应当建立实施邮件快件包装统一采购制度,建立供应商名录,加强绿色采购管理,逐步健全绿色采购供应体系。

寄递企业依法采购使用不低于国家标准、行业标准的包装产品,采购使用包装产品时要求供应商提供第三方检测机构出具的达标检测报告。

第三方检测机构应当具备相应的资质和条件。

第五条 寄递企业应当按照规定使用环保包装。在不影响邮件快件寄递安全的前提下,应当优先选择低克重高强度、可重复使用、易回收利用的包装。

鼓励寄递企业优先使用经过绿色认证的包装产品。

第六条 寄递企业应当根据国家有关规定制定本企业邮件快件包装操作规范,针对不同种类的内件细化包装操作要领,确保可量化、可衡量并落实绿色包装要求。

跨省经营的品牌寄递企业总部制修订的本企业包装操作规范，在实施之日起20日内向国家邮政局备案。跨省经营的品牌寄递企业在省、自治区、直辖市的区域管理机构和省内经营的寄递企业，按照所在地省、自治区、直辖市邮政管理局要求报送备案。

寄递企业应当向社会公开本企业执行的标准和包装操作规范相关信息。

第七条 寄递企业应当建立实施邮件快件包装物统计制度，包括但不限于各类包装物使用的数量、重量、执行标准、绿色包装使用率，推动提升符合标准要求的环保包装使用率，减少单件邮件快件的平均包装用量。

第八条 寄递企业应当建立实施岗前培训和在岗培训制度，强化从业人员包装操作知识与技能的培训教育。

第九条 寄递企业应当逐步完善内部考核和奖惩机制，对绿色包装落实情况开展常态化自查。

第十条 寄递企业按照邮件快件包装基本要求等规定选用包装材料和包装操作。在满足寄递需要的前提下，防止包装层数过多、空隙率过大。邮件快件包装空隙率原则上不超过20%。

同一包装内有多件物品时，应当按照重不压轻、大不压小的原则进行封装。

对未做明确规定的，应当本着节约、环保的原则，合理确定包装材料和包装方式，优化物品包装，避免过度包装和随意包装。

第十一条 寄递企业应当全面推广使用电子运单，尤其是一联式电子运单，电子运单设计和使用应当注意保护用户信息安全。

第十二条 邮件快件塑料包装袋中铅、汞、镉、铬总量不得超过100毫克每千克，苯类溶剂残留不得超过3毫克每平方米。

普通胶带中铅、汞、镉、铬总量不得超过100毫克每千克，汞、镉均不得超过0.5毫克每千克，铅、铬均不得超过50毫克每千克。苯类溶剂残留不得超过3毫克每平方米。

封套、包装箱、填充物中的铅、汞、镉、铬总量不得超过100毫克每千克。

邮件快件包装中的重金属和苯类溶剂残留，国家另有规定的从其规定。

第十三条 寄递企业应当遵守国家有关禁止、限制使用不可降解塑料袋等一次性塑料制品的规定，不得使用重金属、溶剂残留等特定物质超标的劣质包装袋。

鼓励寄递企业使用符合国家标准的全生物降解塑料包装袋。

第十四条 寄递企业使用包装箱的，应当根据内装物的最大质量和最大综合内尺寸选用合适型号的包装箱。包装箱的型号、内装物的最大质量和最大综合内尺寸，按下列方式确定：

（一）1 号包装箱内装物最大质量 3 千克,最大综合内尺寸 450 毫米;

（二）2 号包装箱内装物最大质量 5 千克,最大综合内尺寸 700 毫米;

（三）3 号包装箱内装物最大质量 10 千克,最大综合内尺寸 1000 毫米;

（四）4 号包装箱内装物最大质量 20 千克,最大综合内尺寸 1400 毫米;

（五）5 号包装箱内装物最大质量 30 千克,最大综合内尺寸 1750 毫米;

（六）6 号包装箱内装物最大质量 40 千克,最大综合内尺寸 2000 毫米;

（七）7 号包装箱内装物最大质量 50 千克,最大综合内尺寸 2500 毫米;

内装物质量超过 30 千克或者有特殊寄递要求的,使用捆扎带进行封扎。

第十五条 寄递企业在包装箱上使用胶带应当遵循下列方式:

（一）1 号和 2 号包装箱采用"一"字形封装方式,使用胶带的长度不超过最大综合内尺寸的 1.5 倍;

（二）3 号、4 号和 5 号包装箱采用"十"字形封装方式,使用胶带的长度不超过最大综合内尺寸的 2.5 倍;

（三）6 号和 7 号包装箱采用"艹"字形封装方式,使用胶带的长度不超过最大综合内尺寸的 4 倍。

鼓励寄递企业优先采购使用免胶带包装箱或者使用可降解基材胶带替代普通胶带。

不得在已有黏合功能设计的封套、包装袋上使用胶带。

第十六条 寄递企业不得使用有毒物质、发泡聚苯乙烯等对人体健康和生态环境有危害的物质作为填充材料。

寄递企业使用填充物的,优先使用可降解材质的填充物。

第十七条 寄递企业使用气泡垫、气泡膜、气泡柱等填充物作为缓冲包装的,尽量使用"即充即用"型的填充物。

寄递企业积极推广应用悬空紧固包装,减少填充物使用。

第十八条 寄递企业使用集装袋对邮件快件进行集中包装的,使用符合相应行业标准的涤纶纤维、涤棉、棉麻帆布等材质的可循环集装袋,逐步减少使用一次性塑料编织集装袋。

可循环集装袋循环使用次数不低于 50 次。

第十九条 封套、包装箱、包装袋等包装产品避免满版印刷,印刷面积不超过其表面总面积的 50%。

第二十条 对内件形状不规则的异形物或者使用大小尺寸超过规定范围包装箱的,寄递企业在包装时应当本着环保、节约的原则,合理确定包装材料和包装方式,确保寄递安全,避免过度包装。

第二十一条　鼓励寄递企业使用可循环包装,建设使用循环包装信息系统和回收设施设备,积极探索完善运行模式,提升循环使用效率。

鼓励寄递企业之间、寄递企业与第三方机构等按照共建共享、互利共赢的原则建立可循环包装共享平台,健全共享机制,逐步扩大可循环包装应用范围。

对报废的可循环包装,寄递企业应当妥善处理,避免造成资源浪费和环境污染,处理情况存档备查。

第二十二条　寄递企业应当积极回收包装物。鼓励寄递企业在营业场所、分拨中心配备符合规定的包装回收容器,建立相应的工作机制和业务流程,推进包装物回收再利用。

对外形完好、质量达标的包装箱、填充物等包装,寄递企业回收使用。对无法回收使用的包装物,按有关规定妥善处理。

第二十三条　寄递企业加强与用户的沟通,引导用户配合实施邮件快件绿色包装,规范包装操作,减少包装用量。

鼓励寄递企业与其他行业的经营主体加强协同,积极向用户建议使用简约包装、定制化包装,推进源头减量,避免二次包装和过度包装。

第二十四条　用户自带包装应当满足寄递安全需要和邮件快件包装绿色治理要求。

协议用户提供邮件快件封装用品和胶带的,寄递企业应当向其书面告知,所提供的封装用品和胶带应当符合国家规定。

协议用户提供的包装不符合要求的,寄递企业建议更换,用户拒不配合的,寄递企业依法不予收寄。

第二十五条　寄递企业应当规范操作、文明作业,避免邮件快件着地、抛扔等违规行为,防止造成机械损伤和其他原因导致的污损。

第二十六条　寄递企业积极推进科技创新,加大科研投入,不断提升自动化、信息化和智能化水平。

第二十七条　寄递企业与包装生产企业、科研单位、高等院校以及环保组织加强协作,强化产学研衔接,推进绿色包装研发、设计和生产,聚焦包装问题深化探索创新,推进绿色产品、技术和模式应用。

第二十八条　寄递企业加强绿色宣传,主动公开企业在绿色包装方面的做法和成效,充分听取用户、媒体和社会组织等方面意见建议,提升绿色包装工作成效。

第二十九条　本规范自发布之日起施行。国家邮政局于2018年12月14日以国邮发〔2018〕121号文件发布的《快递业绿色包装指南(试行)》同时废止。

附录四
邮件快件包装管理办法

第一章 总 则

第一条 为了加强邮件快件绿色包装管理,保证邮件快件包装质量,规范邮件快件包装行为,保障用户合法权益和寄递安全,节约资源、保护环境,根据《中华人民共和国邮政法》《中华人民共和国固体废物污染环境防治法》《快递暂行条例》等法律、行政法规,制定本办法。

第二条 本办法适用于国内邮件快件包装物(以下简称包装物)的使用、包装操作和相应的监督管理工作。

第三条 本办法所称包装物,包含单个邮件快件使用的封装用品、胶带、填充材料以及用于盛放多个邮件快件的邮政业用品用具,不含邮件快件内件物品的商品、产品包装等。

本办法所称封装用品,包括邮件快件封套、包装箱、包装袋等。

本办法所称邮件快件包装操作(以下简称包装操作),是指为了保护邮件快件安全或者方便储存、运输,使用合适包装物、按照一定的技术方法对邮件快件进行包装的操作活动。

第四条 国务院邮政管理部门和省、自治区、直辖市邮政管理机构以及按照国务院规定设立的省级以下邮政管理机构(以下统称邮政管理部门)负责包装物使用、包装操作的监督管理工作。

邮政管理部门应当与有关部门相互配合,健全共建共治协同机制,完善邮件快件包装治理体系。

第五条 包装邮件快件应当坚持实用、安全、环保原则,符合寄递生产作业和保障安全的要求,节约使用资源,避免过度包装,防止污染环境。

第六条 禁止使用不符合法律、行政法规以及国家有关规定的材料包装邮件快件。

第七条 邮政企业、快递企业、经营邮政通信业务的企业(以下统称寄递企业)应当依法建立健全包装管理制度,明确包装管理机构和人员,落实包装管理责任,加强从业人员培训。

使用统一的商标、字号或者寄递详情单经营寄递业务的,商标、字号或者寄递详情单所属企业应当对邮件快件包装实行统一管理,监督使用其商标、字号或者寄递详情单的企业执行邮件快件包装管理制度。

第八条 鼓励寄递企业采用先进技术,提升包装的自动化、信息化和智能化水平。

第九条 鼓励寄递企业与制造业、农业、商贸业等相关企业加强协同,推进一体化包装和简约包装,共同落实有关包装管理要求。

第十条 支持建立邮件快件包装实验室,开展邮件快件包装研发,推行科学的包装方法和技术。

鼓励寄递企业与包装生产企业、科研院校等合作,加强产学研衔接,促进邮件快件包装产品、技术、模式创新和应用。

第十一条 依法成立的行业组织应当加强行业自律,督促企业执行有关包装管理的法律、法规、规章、标准和规范,引导企业推广绿色包装。

第二章 包 装 选 用

第十二条 寄递企业应当严格执行包装物管理制度,采购使用符合国家规定的包装物。

第十三条 寄递企业应当按照规定使用环保材料对邮件快件进行包装,优先采用可重复使用、易回收利用的包装物,优化邮件快件包装,减少包装物的使用,并积极回收利用包装物。

邮政管理部门应当加强与有关部门的配合,推进对包装物依法实行绿色产品认证,逐步健全行业绿色认证体系。鼓励寄递企业采购使用通过绿色产品认证的包装物。

第十四条 寄递企业应当遵守国家有关禁止、限制使用不可降解塑料袋等一次性塑料制品的规定。

鼓励寄递企业积极回收塑料袋等一次性塑料制品,使用可循环、易回收、可降解的替代产品。

第十五条 寄递企业使用的包装物应当具备保护邮件快件内件物品的功能,并方便封装、运输和拆解。

鼓励寄递企业通过信息化技术与包装物相结合等措施,提升包装实用性。

第十六条 寄递企业使用的包装物中的铅、汞、镉、铬总量以及苯类溶剂残留应当符合国家规定。

禁止使用有毒物质作为邮件快件填充材料。

第十七条 鼓励寄递企业建立可循环包装物信息系统,在分拣、转运、投递等环节提升可循环包装物的使用效率。

鼓励寄递企业之间、寄递企业与包装物供应商等市场主体之间健全共享机制,扩大可循环包装物的应用范围。

第十八条 寄递企业应当根据包装箱内装物最大质量和最大综合内尺寸,选用合适的包装箱。

第十九条 寄递企业应当优先使用宽度较小的胶带,在已有黏合功能的封套、包装袋上减免使用胶带。鼓励寄递企业使用免胶带设计的包装箱。

第二十条 寄递企业应当优化邮件快件包装,加强结构性设计,减少使用填充材料。

第二十一条 寄件人自备包装物、不需要寄递企业提供的,其自备包装物应当符合法律、行政法规以及国务院和国务院有关部门关于禁止寄递物品和限制寄递物品的规定。

前款规定的寄件人为协议用户的,寄递企业应当向其书面告知,其自备的包装物应当符合国家规定。

第二十二条 具备条件的寄递企业应当全面推广使用电子运单,设计、使用电子运单应当注意保护用户信息安全。

第三章　包　装　操　作

第二十三条 寄递企业应当根据相关法律法规以及强制性标准制修订本单位包装操作规范,并按国务院邮政管理部门的规定备案。

第二十四条 寄递企业应当建立并实施从业人员岗前培训、在岗培训制度,加强包装操作知识技能培训。

第二十五条 寄递企业应当按照环保、节约的原则,根据邮件快件内件物品的性质、尺寸、重量,合理进行包装操作,防止过度包装,不得过多缠绕胶带,尽量减少包装层数、空隙率和填充物。

第二十六条 寄递企业应当规范操作和文明作业,避免抛扔、踩踏、着地摆放邮件快件等行为,防止包装物破损。

第二十七条 包装物发生破损时,寄递企业应当按照规范包装要求及时修补并做好邮件快件内件物品的防护。

第二十八条 鼓励寄递企业在其营业场所、处理场所设置包装物回收设施设备,建立健全相应的工作机制和业务流程,对包装物进行回收再利用。

第二十九条　鼓励寄递企业对回收后外形完好、质量达标的包装箱、填充材料等包装物进行再利用;对无法再利用的包装物,按有关规定妥善处理。

第四章　监　督　管　理

第三十条　邮政管理部门应当依照本办法规定加强对寄递企业的监督检查。监督检查以下列事项为重点:

(一)寄递企业建立健全和执行包装管理制度的情况;

(二)寄递企业落实包装操作规范的情况;

(三)寄递企业开展相关培训的情况。

第三十一条　邮政管理部门实施监督检查,可以采取下列措施:

(一)进入寄递企业或者涉嫌发生违反本办法活动的其他场所实施现场检查;

(二)向有关单位和个人了解情况;

(三)查阅、复制有关文件、资料、凭证。

邮政管理部门实施现场检查,可以采取现场监测、采集样品等措施。邮政管理部门对样品进行检测、检验的,应当明确检测、检验的期间,并书面告知当事人。邮政管理部门委托符合法定条件的专业技术组织进行检验、检测的,不免除邮政管理部门的告知义务。

邮政管理部门工作人员对监督检查中知悉的商业秘密,负有保密义务。

第三十二条　邮政管理部门根据履行监督管理职责的需要,可以要求寄递企业报告包装物中一次性塑料制品的使用等情况。

寄递企业报送的信息和数据应当真实、完整。

第三十三条　邮政管理部门建立实施包装物编码管理制度,推动包装物溯源管理。

第三十四条　寄递企业应当协助配合邮政管理部门依法开展的监督检查,如实说明情况并提供文件、资料,不得拒绝或者阻碍。

第三十五条　寄递企业使用的包装物不符合国家规定要求的,邮政管理部门应当责令寄递企业停止使用。

第三十六条　邮政管理部门可以组织评估寄递企业包装管理情况。

第三十七条　邮政管理部门依法记录寄递企业包装违法失信行为信息,并纳入邮政业信用管理。

第三十八条　单位或者个人可以向邮政管理部门举报寄递企业使用不符合国家规定的包装物等违法行为。

邮政管理部门接到举报后,应当及时依法处理。

第五章　法　律　责　任

第三十九条　商标、字号或者寄递详情单所属经营快递业务的企业违反本办法第七条第二款规定,未对邮件快件包装实施统一管理的,由邮政管理部门依照《快递暂行条例》第四十一条的规定予以处罚。

第四十条　寄递企业违反本办法第十六条规定,使用包装物不符合国家规定,或者使用有毒物质作为填充材料的,由邮政管理部门责令限期改正;逾期未改正的,处 5000 元以上 1 万元以下的罚款。

第四十一条　寄递企业违反本办法第二十一条第二款规定,未向协议用户书面告知包装物要求的,由邮政管理部门责令限期改正,可以处 5000 元以下的罚款。

第四十二条　寄递企业违反本办法第二十三条规定,未制定包装操作规范,或者未按要求备案的,由邮政管理部门责令限期改正,可以处 3000 元以上 1 万元以下的罚款。

第四十三条　寄递企业违反本办法第二十四条规定,未对从业人员进行包装操作培训的,由邮政管理部门责令限期改正,可以处 5000 元以上 1 万元以下的罚款。

第四十四条　寄递企业违反本办法第二十五条规定,对邮件快件的包装操作明显超出邮件快件内件物品包装需求的,由邮政管理部门责令改正,可以处 1000 元以上 5000 元以下的罚款。

第四十五条　违反本办法第十四条、第三十二条规定,未遵守国家有关禁止、限制使用不可降解塑料袋等一次性塑料制品的规定,或者未按照邮政管理部门要求报告塑料袋等一次性塑料制品的使用情况的,依照《中华人民共和国固体废物污染环境防治法》第一百零六条的规定执行。

第六章　附　　　则

第四十六条　经营国际寄递业务的寄递企业应当采取必要措施规范进境邮件快件包装,优先使用环保材料,避免外源性包装污染。

第四十七条　本办法自 2021 年 3 月 12 日起施行。

参 考 文 献

[1] 中华人民共和国人力资源和社会保障部.国家职业技能标准 – 快件处理员:2019 版 [M].北京:中国劳动社会保障出版社,2019.

[2] 全国邮政业标准化技术委员会.快递服务　第 1 部分　基本术语:GB/T 27917.1—2011[S].北京:中国标准出版社,2012.

[3] 全国邮政业标准化技术委员会.快递服务　第 2 部分　组织要求:GB/T 27917.2—2011[S].北京:中国标准出版社,2012.

[4] 全国邮政业标准化技术委员会.快递服务　第 3 部分　服务环节:GB/T 27917.3—2011[S].北京:中国标准出版社,2012

[5] 张剑.邮件分拣员[M].北京:人民邮电出版社,2005.

[6] 朱培生.邮件转运员[M].北京:人民邮电出版社,2005.

[7] 国家邮政局职业技能鉴定指导中心.快递员职业技能等级认定培训教材(初级)[M].北京:人民交通出版社股份有限公司,2021.

[8] 国家邮政局职业技能鉴定指导中心.快递员职业技能等级认定培训教材(中级)[M].北京:人民交通出版社股份有限公司,2021.

[9] 国家邮政局职业技能鉴定指导中心.快件处理员职业技能等级认定培训教材(初级)[M].北京:人民交通出版社股份有限公司,2021.

[10] 国家邮政局职业技能鉴定指导中心.快件处理员职业技能等级认定培训教材(中级)[M].北京:人民交通出版社股份有限公司,2021.

[11] 姚雷.报关实务[M].青岛:中国海洋大学出版社,2011.

[12] 国家邮政局.快递业务操作与管理[M].北京:人民交通出版社,2011.

[13] 国家邮政局.快递业务概论[M].北京:人民交通出版社,2011.

[14] 梁华.快递人员业务实操速查手册[M].北京:人民邮电出版社,2010.

[15] 徐家祥.速递业务员[M].北京:人民邮电出版社,2005.

[16] 人民交通出版社.中国交通地图册[M].北京:人民交通出版社,2009

[17] 国家邮政局职业技能鉴定指导中心.快递操作实务[M].北京:人民交通出版社股份有限公司,2016.